Heinrich Robert Göppert

Skizzen zur Kenntniss der Urwälder Schlesiens und Böhmens

Heinrich Robert Göppert

Skizzen zur Kenntniss der Urwälder Schlesiens und Böhmens

ISBN/EAN: 9783742889348

Hergestellt in Europa, USA, Kanada, Australien, Japan

Cover: Foto ©ninafisch / pixelio.de

Manufactured and distributed by brebook publishing software
(www.brebook.com)

Heinrich Robert Göppert

Skizzen zur Kenntniss der Urwälder Schlesiens und Böhmens

Skizzen

zur Kenntniss der Urwälder Schlesiens und Böhmens

von

Heinrich Robert Göppert,

Dr. med. et chir., o. Professor der Medicin und Botanik, Geheimer Medicinalrath und
Director des botanischen Gartens

Mitgl. d. K. L.-C. d. A.

Mit neun Tafeln.

Dresden,

Druck von E. Blochmann & Sohn.

1868.

Inhalt.

		Seite
I.	Einleitung	1
II.	Urwald in Schlesien	3
III.	Der Böhmerwald und Reisetour	9
IV.	Die Urwälder des Böhmerwaldes	12
V.	Die Flora des Böhmerwaldes an und für sich und Vergleich derselben mit der des Harzynischen Gebirgssystems	30
VI.	Ursachen der Erhaltung der Urwälder Böhmens	45
VII.	Erklärung der Lithographien	51

Vorrede.

Ueber die Aufnahme der nachfolgenden Arbeit bin ich nicht ohne Sorgen, da sie ihr Thema keineswegs so erschöpfend behandelt, als man vielleicht zu erwarten sich wohl berechtigt fühlen dürfte. Nur der Wunsch, eine der merkwürdigsten Gegenden Deutschlands mehr als bisher berücksichtigt zu sehen und Andere zu weiterem Verfolgen der von mir angestrebten Bahn zu veranlassen, konnte mich bestimmen, mich in schon vorgeschrittenem Alter diesen oft mit einigen Schwierigkeiten verknüpften Untersuchungen zu unterziehen, die ich im J. 1858 in Schlesien, in Böhmen im J. 1864 anstellte. In Böhmen hatte ich mich der Begleitung eines kundigen Botanikers, des Herrn Apotheker Muncke, eines meiner Schüler zu erfreuen. Wesentliche Erleichterungen wurden mir im Böhmerwald durch die Anordnungen des hohen Besitzers, Sr. Durchlaucht des regierenden Herrn Fürsten Adolph von Schwarzenberg, Herzog von Krummau, zu Theil, für die ich nur dankbare Erinnerungen bewahre. Allen meinen Wünschen wurde in Folge derselben auf das Bereitwilligste entsprochen und alle erbetenen Mittheilungen ertheilt, in welcher Hinsicht ich mich Herrn Forstmeister John in Winterberg noch ganz besonders zu Dank verpflichtet fühle.

Breslau, den 25. Juli 1868.

Göppert.

I.

Einleitung.

Wenn man von Urwäldern hört, erinnert man sich stets wohl eher an die jungfräulichen Wälder fremder Erdtheile, als dass man geneigt wäre, auch in Europa dergleichen noch zu vermuthen, am wenigsten vielleicht im Herzen Deutschlands, wo man wohl überall schon bei dem immer mehr steigenden Werth des Holzes als Bau- und Brennmaterial jene Wälder selbst auszubeuten begonnen hat, die sonst durch ihre scheinbar unzugängliche Lage ganz geeignet schienen, in ihrem ursprünglichen Naturzustande noch lange zu verharren. Prachtvolle Strassen gewähren dort mit Bequemlichkeit den Anblick der unbeschreiblich schönen Alpennatur, wo noch vor wenigen Jahren kaum ein Saumpfad vorhanden war, den zu wandeln oft nicht geringe Kühnheit erforderte. Schon längst klagt man aber auch dort schon über zunehmenden Holzmangel, welchen die rücksichtslose Behandlung der Alpenwälder in vielen Gegenden thatsächlich bereits wirklich veranlasste. Wenn man nun kaum noch in den Alpen von keiner Axt berührte Wälder mehr antrifft, erregt es gewiss ein grosses Interesse, von dergleichen diesseits dieser gewaltigen Gebirgsmauer zu hören.

Vor Allem scheint es aber doch erforderlich, uns über den Begriff eines Urwaldes auszusprechen. Wir verstehen darunter einen Wald, von welchem man noch niemals versucht hat irgend eine Nutzung zu ziehen, in welchem die gesammte Vegetation sich in einem Zustande befindet, wie er seit Jahrtausenden, ja vom Anfange an gewesen, in dem also die Natur ungestört die riesenhaftesten

Holzkörper bildete und wieder zerstörte. In der Ebene ist dergleichen bei uns nicht mehr zu suchen, denn ein gewisser natürlicher Schutz, wie ihn hohe, schwer zugängliche Lage allein nur zu gewähren vermag, gehört unstreitig zur Bewahrung so interessanter Schätze. Unter diesen Umständen müssen wir freilich schon im Voraus auf eine grosse Mannigfaltigkeit der Vegetation verzichten, weil sie bekanntlich in grösseren Erhebungen mit dem allmähligen Zurücktreten und endlich gänzlichen Verschwinden der Laubhölzer immer geringer wird, und sich dann meist nur auf Nadelhölzer beschränkt. So verhält es sich denn auch in der That. Nur Wälder aus Nadelhölzern treten uns in Deutschland und nur in mittleren Höhen noch in solchen jungfräulichen Verhältnissen entgegen, die aus Laubholz sind längst verschwunden. Auch jene sind selten und noch sparsamer die Schilderungen derselben, von denen wir eigentlich nur die des Böhmerwaldes von Ferdinand Hochstetter und von Julius von Pannewitz bekannt geworden sind, jenes Gebirges, welches sich in 30 Meilen Länge von den Grenzen des Voigtlandes bis nach Oberösterreich hinabzieht, von NW. gegen SO. die natürliche Grenze zwischen Böhmen und Baiern bildet, und sich im Arber und Rachel bis zu 4500—600 F. erhebt. Ehe es mir aber gelang, diese interessanten Gegenden zu sehen, fand ich bereits 1858 in Schlesien selbst und zwar in der Grafschaft Glatz auf dem 3500 F. hohen Fromberge auf der der Fr. Prinzessin Mariane von Preussen gehörenden Herrschaft Seitenberg bei Landeck ein noch jungfräuliches Waldgebiet, dessen Vegetations- und Wachsthumsverhältnisse den Eigenthümlichkeiten eines Fichtenurwaldes entsprechen (Verhandlungen der naturw. Sektion der schlesischen Gesellsch. den 20. Juli 1859, 37. Jahresber. S. 28—31), wie sie sich mir auch später beim Besuche des Böhmerwaldes, freilich in unendlich viel mächtigeren, ja wahrhaft grossartigen Gestalten darboten.

II.

Urwald in Schlesien.

Unser Urwald liegt über die Region der Laubwälder hinaus, die sich etwa bis 2600 F. hier erstreckt, ganz im Gebiete der Nadelholzregion und besteht daher auch nur aus Fichten oder Rothtannen *(Pinus Abies L.)* als dominirender Holzart. Als Unterholz enthält er die Berg - Eberesche *(Sorbus Aucuparia alpestris), Salix silesiaca, Lonicera nigra,* zwischen welchen Pflanzen der höhern Bergregion von allen Formen, *Polypodium alpestre Hoppe* mit 6—8 F. langen Wedeln und die einer tropischen *Bromeliacee* ähnliche grosse Binse *Luzula maxima* mit 1—2 F. grossen Blattrosetten in grösster Menge und üppigster Fülle wuchern. Ueber gewaltige, drei- bis vierfach übereinander lagernde, mit Moos bedeckte Stämme tritt man in das Innere. Die Stämme selbst sind auch auf höchst eigenthümliche Weise an den Boden befestigt, indem auf ihnen in ihrer ganzen Länge wieder andere Bäume keimten, wuchsen und ihre Wurzeln in das verrottete Innere der Mutterstämme senkten oder sie auch umklammerten. So erscheinen sie reihenweise in grader Richtung dicht gedrängt oft zu 30 — 40 hintereinander und gewähren so dem überraschten Wanderer das Ansehen von nach allen Richtungen sich kreuzenden Reihen - Pflanzungen. Auf einem liegenden Stamme von 50 F. Länge zählte ich 36 Stämme jeden Alters von 4 F. bis 80 F. Höhe, auf einem andern von 70 F. Länge an 32 Stämme von 80- bis 100jährigem Alter, auf einem 80 F. langen Stamme gar 46 von 2 —58 F. Höhe, welche alle mit ihren Wurzeln untereinander vereinigt wieder von denen mächtig überragt wurden, die sich auf dem beim Fallen emporgehobenen Wurzelstocke einst festgesetzt hatten. 10 — 15 F. weit senden diese ihre Wurzeln zu denen der benachbarten Stämme und verwachsen ebenfalls mit ihnen. Wiederholte Bestätigung der von mir schon im J. 1841 hervorgehobenen Thatsache, dass in allen dichten Nadelholzwäldern eine unterirdische Verbindung der Stämme mittelst der Wurzeln besteht.

1*

Einige Abbildungen werden dazu dienen, die oben angeführten Beobachtungen zu erläutern, welche ich meinen geehrten Begleitern, Herrn Oberförster Dr. Cogho in Seitenberg, Herrn Sanitätsrath Dr. Laugner in Landeck und Herrn Professor Dr. Tellkampf verdanke.

Taf. VII. Fig. 18. Bei a. Aeltester Lagerstamm, ganz bemoost, halb verrottet, von 25 F. Länge und etwa 10 F. Umfang, mit 3 darauf wachsenden 1—2 F. dicken, mit den Wurzeln untereinander vereinigten Stämmen; b. ein darauf, d. h. auf a liegender Stamm von 8 F. Umfang und 62 F. Länge; bei c. die Stelle, wo der auch zum Theil verrottete und ganz bemooste Wurzelstock sich befindet, daher die Erhöhung; e. der dritte, auf a und b gefallene, noch ziemlich gut erhaltene Stamm.

Taf. VII. Fig. 19. Aeltere auf einem Lagerstamm von 40 F. Länge befindliche Stämme, deren stärkster schon 5 F. Umfang erreicht hat. Man sieht hier schon, namentlich bei a, den Anfang der tiefen Furchen, durch welche die Basis aller alten, besonders auf andern Stämmen einst entsprossenen Fichten sich auszeichnete. Diese tiefen Furchen veranlassen zuweilen fast brettartige, flügelförmige Abtheilungen, wie dies einigen tropischen Bäumen, wenn wir nicht irren, den *Sonneratien* eigenthümlich ist.

Taf. VIII. Fig. 20 habe ich eine der hier zwar nur äusserst sparsam vorgekommenen Formen aus den Kubanyer Forsten abgebildet. Die flügelartigen, die Furchen begrenzenden Fortsätze sind 4 — 5 F. hoch und oben flach wie Bretter, so dass sie im Verticalschnitt eine längliche Figur liefern würden.

Taf. VIII. Fig. 21. Auf einem fast ganz verrotteten Stamm von 72 F. Länge, der wohl 16 F. Umfang gehabt haben kann, ein ganzer Wald von ansehnlichen, 2 bis 3 F. dicken Stämmen, deren Wurzeln gänzlich untereinander verwachsen sind. Man sieht hier recht deutlich die erdrückende Einwirkung der stärkeren auf die schwächeren, wie dies in dichten Nadelholzwaldungen ganz allgemein vorkommt, und kann sich wohl leicht vorstellen, wie wenige zuletzt etwa in 100—200 Jahren das Feld noch behauptet haben werden.

Anders gestaltet sich das Bild, wenn die junge Fichtensaat sich auf senkrecht stehenden, abgestorbenen Wurzelstücken entwickelt. Die keimenden Pflänzchen, von denen sich zuletzt gewöhnlich nur ein Exemplar erhält, senden hier ihre Wurzeln nach und nach immer tiefer in den faulenden Stock, endlich auch in den Boden. Nach seiner allmählig erfolgten Verrottung befestigen sie sich darin, so dass zuletzt das vielästige, nur ganz frei dastehende oberirdische, zuweilen 10—15 F. hohe, gerüstartige Wurzelgeflecht den Stamm wie eine in der Luft schwebende Säule hoch über dem Boden trägt. Die Höhe wird natürlich von der Höhe des abgebrochenen Stammes bestimmt, auf welchem die Pflänzchen anfänglich keimten. Die Höhlung zwischen den Wurzeln bezeichnet ziemlich genau den Umfang, welchen der vermoderte Stamm einst einnahm[*]. Das ganze Vorkommen, welches übrigens keineswegs so selten ist und in vielen alten Gebirgswäldern, die man wenigstens einigermaassen sich selbst überlässt, angetroffen wird, erinnert ganz und gar an das Aeussere der durch Luftwurzeln gestützten Stämme der *Pandaneen* und vieler Palmen, wie z. B. *Iriartea exorrhiza*; ich sage ausdrücklich nur an das Aeussere, da diesem Wachsthumsverhältnisse bekanntlich ganz andere Ursachen zu Grunde liegen. Wenn nun ein solcher Fichtenstamm wieder umstürzt und sich im Laufe der Zeit mit Baumvegetation, mit Moosen und Farn bekleidet, entstehen ausserordentlich mannigfaltige, ja wahrhaft phantastische, oft so verworrene Formen, dass man erst bei genauer Untersuchung über ihren Ursprung in's Klare kommt. Wir haben mehrere Abbildungen von allen diesen Verhältnissen geliefert, die freilich noch unendlich hätten vermehrt werden können.

Taf. II. Fig. 7, 8. Abbildung eines 1½ F. dicken und 35—40 F. hohen Stammes, an welchem dies Verhältniss am einfachsten sich herausstellt;

[*] Dieses merkwürdige Wachsthumsverhältniss wurde zuerst von meinem sehr verehrten Freunde Geh. Reg.-Rath Prof. Dr. Ratzeburg beschrieben (Dessen Forstnaturwissenschaftliche Reisen durch verschiedene Gegenden Deutschlands, Berlin 1842, S. 282 u. 452, 452 nro. 453), später auch von mir geschildert und durch Abbildungen weiter erläutert (Ueber Wachsthumsverhältnisse der Coniferen, Verhandl. des Berliner Garten-Bau-Vereins v. J. 1853, mit 2 Tafeln, dann Regensburg. botan. Zeitung oder Flora 1850, Monographie der fossilen Coniferen, für 1849 von der Holländischen Gesellschaft der Wissenschaften doppelt gekrönte Preisschrift. Leiden bei Arnz 1850. 44 Bogen Text u. 58 lithograph. Tafeln.

b, der Rest des alten Stockes; c. der 8 F. über dem Boden erhabene, astige, wurzelartige Theil des Stammes.

Taf. II. Fig. 8. Ein Exemplar mit 11 F. hohen, frei über der Erde stehenden, stammartigen, mannigfaltig verzweigten Wurzeln, und

Taf. II. Fig. 9, ein Stock (die sogenannte Häuselfichte im Forstrevier Reinerz, v. Pannewitz in den Verhandl. des schles. Forstvereins im J. 1860 p. 251) mit einem innern Raum von 8 F. Durchmesser, der also wirklich auf einem wahren Urstamme sich einst entwickelte.

Das höchste von 16 F., hier nicht abgebildete Exemplar fand ich im Urwalde bei Schattawa im Böhmerwald.

Wunderlich erscheint die Gruppe

Taf. III. Fig. 10, bestehend aus mehren Stämmen (a, b, c, d), die sich auf einem 5 F. im Durchmesser haltenden, mit Moos bekleideten, schon halb verrotteten Stocke entwickelten und später dann mit ihren Wurzeln untereinander verwachsen, umgeben von Ebereschen (g, h u. i), der andern Baumart des Urwaldes; d, schon im Absterben begriffen; e u. f bezeichnen später auf ähnliche Weise gewachsene Fichten.

Bei der grossen Nähe der Bäume verwachsen auch oft zwei auf verschiedenen Wurzelstöcken gekeimte miteinander, wie

Taf. IV. Fig. 11, zwei mächtige, 10 und 5 F. im Umfang messende Fichten. Die Mutterstöcke, auf denen sie einst keimten, sind hier bereits verschwunden.

Wenn die Fäulniss des abgebrochenen Mutterstumpfes nicht gleichen Schritt mit der Entwickelung der Wurzeln des auf ihm gekeimten Stammes hält, oder ungleich vor sich geht, so dass sie verhindert werden, sich gleichförmig und allmählig in den faulenden Stumpf zu vertiefen, erfolgt natürlich ein ungleiches Wachsthum derselben, wodurch höchst eigenthümliche und beim ersten Anblick oft schwer zu erklärende Bildungen veranlasst werden.

Taf. IV. Fig. 13 stellt eine dergleichen von einem Stamme von 12 F. Umfang dar aus dem Urwalde des Kubany. a. Die Hauptwurzel von 4 F. Länge, die offenbar genöthigt ward, von am äussern noch festen Theile des Stockes herabzuwachsen, während die andern sich zum Theil in den verrotteten Mutterstock vertieften. Der Durchmesser betrug 8—9 F., was also auf einen Urstamm von ebensolchem Durchmesser, also etwa von 24 F. Umfang schliessen lässt.

Taf. IV. Fig. 14, aus einem Gebirgswaldrevier bei Silberberg in Schlesien, liefert noch nähere Belege hierzu. Der 3 F. dicke Fichtenstamm steht in einer Vertiefung; bei a ein ähnliches Wachsthum wie bei den vorigen, und bei b zwei in entgegengesetzter Richtung horizontal verlaufende, etwa 8—9 F. lange Wurzeln.

Noch barocker erscheint Fig. 15, aus derselben Gegend eine Fichte a, deren Wurzeln zur Seite bei b sich wegen eines daselbst bei c liegenden, zur Zeit der Zeichnung schon verrotteten und daher nicht mehr gezeichneten Stammes sich nicht in horizontaler Richtung vollständig auszubreiten vermochten und daher theils über ihn hinwegliefen, theils in ihn hinein sich senkten, wodurch dann dieses eigenthümliche, sattelartige, 5 F. hohe Gebilde entstand, dessen Ursprung man sich beim ersten Anblick nur schwer zu deuten vermag.

Endlich entwickeln sich auch wohl auf umgestülptem Stocke Stämme, die zu höchst sonderbaren Vegetationsbildern Veranlassung geben, wie Taf. IV. Fig. 12 darstellt. Auf dem einem grossen Pilze vergleichbaren, dicht mit Moos bewachsenen, an 10 F. breiten Stumpfe erheben sich nicht weniger als sieben 2—40 F. hohe Fichten (gefunden an der sogenannten Teufelsfahrt am Glatzer Schneeberge).

Die Verrottung der umgefallenen Stämme selbst erfolgt in sehr verschiedenen Zeiträumen, je nachdem sie noch völlig gesund oder schon krank, von Pilzen und Insekten angegriffen waren, in welchem Falle allerdings der Zersetzungsprozess insbesondere unter Begünstigung der Feuchtigkeit rascher vor sich geht.

In einem bestimmten Falle beobachtete mein verehrter Freund Herr Oberförster Dr. Cogho, dass sie innerhalb eines Zeitraumes von 50 Jahren sich auf 5 Zoll in das Innere erstreckt habe. Doch können wohl Jahrhunderte verlaufen, ehe die allgemeine runde Form des Stammes sich verliert, und Jahrtausende, ehe die ganze Holzsubstanz in strukturlosen Humus umgewandelt wird. Man kann dies mit einiger Bestimmtheit nachweisen, wenn man die Beschaffenheit des Holzes mehrerer allmählig übereinander gelagerter Stämme untersucht.

So z. B. Taf. IX. Fig. 22. Bei a, dem untersten, ist der grösste Theil des Holzes fast in lauter längliche braune Stückchen zerfallen, die bei der längst verschwundenen Rinde nur durch die überaus dicke Mooslage noch in stammähnlicher Form zusammengehalten werden; b ist etwa bis auf die Hälfte verrottet, der noch lebende dritte Stamm etwa 300 Jahre alt, während die beiden untersten etwa das Alter von 400 Jahren erreicht haben mögen. Somit können mindestens 1000—1200 Jahre vergehen, ehe unter äusserer ruhiger, geschützter Lage ein Lagerstamm seine völlige Form verliert und vielleicht, da in der unter dem untersten Stamme befindlichen, unmittelbar auf dem aufgelockerten felsigen Boden lagernden Humusschicht sich immer noch Holzreste mit verkennbarer Struktur vorfanden, ein ebensolanger Zeitraum erforderlich sein, ehe jede organische Struktur vernichtet wird und so die gänzliche Umwandlung in Humus erfolgt.

Die Humusschicht beträgt aber nirgends mehr als 5—10 Zoll, woraus hervorgeht, wie rasch die Abfälle der Vegetation wieder zu ihren Zwecken verbraucht werden.

Nach einer ungefähren Berechnung befanden sich auf dem Fromberge, wo gleichaltrige Bestände am dichtesten liegen, auf einer Fläche von 160 Morgen im J. 1858 noch ungefähr 2400—3000 alte im Verwesungsprozesse begriffene Stämme von 63—70 F. Länge, in einer durchschnittlichen Stärke von 60—80 Zoll, welche ungefähr eine Holzmasse von 4—5000 Klaftern anzuschlagen sind. Jedoch wird die glückliche Abgeschiedenheit, in welcher sich diese interessanten Waldreste fern von jedem Verkehr bis jetzt befanden, wohl am längsten gedauert haben, da neuerlichst eine Strasse in ihre Nähe geführt wurde, die wohl bald zu ihrer Benutzung aufifordern wird. Die Entfernung oder Aufräumung der Lagerstämme würde zunächst schon dazu dienen, sie ihrer charakteristischen Form zu berauben, da, wie schon erwähnt, die noch stehenden Stämme hinsichtlich der Dichtigkeit und Stärke nicht imponiren und nicht entfernt, ebensowenig wie freilich alle andern deutschen Fichtenwälder, irgend einen Vergleich mit der Riesenvegetation der Böhmischen Urwälder aushalten. Baumpflanzungen sind es gegen diese! welchem Ausspruche Hochstetter's ich vollkommen beipflichte.

III.

Der Böhmerwald *).

Eine wenn auch nur gedrängte Uebersicht der geographischen Verhältnisse des Böhmerwaldes, bei der ich vorzugsweise das untengenannte Werk
von Krejčí und Wenzig zu Grunde legte, glaubte ich hier nicht entbehren
zu können. An sie schliesst sich die nähere Angabe unserer Reisetour, die
natürlich in inniger Beziehung zu unsern floristischen Bemerkungen steht.
Wäre der Böhmerwald den Fachgenossen bekannter, als dies wirklich der
Fall ist, würde ich sie dennoch nicht damit behelligen.

Von den Grenzen des Voigtlandes bis Eger, bis nach Ober-Oesterreich
hinab, von NW. gegen SO. erstreckt sich in 30 Meilen Länge und 5 Meilen
durchschnittlicher Breite ein dunkles Waldgebirge, welches Baiern von Böhmen
scheidet und zugleich einen Theil der grossen Wasserscheide zwischen der
Nordsee und dem schwarzen Meere bildet.

---

*) Litteratur:

Ferdinand Hochstetter, Aus dem Böhmerwald. Allgem. Augsb. Zeit. 1855. Beil. Nr. 167;
Thierwelt Nr. 175; Holz und seine Verwendung Nr. 182; Filze und Auen Nr. 197;
Hochgipfel und Gebirgsheere Nr. 219 u. 220; die Moldau Nr. 241; Geologisches
Nr. 247; der frühere Goldreichthum Nr. 252.

Derselbe in den Jahrbüchern der k. k. geologischen Reichsanstalt. Geognostische Studien aus
dem Böhmerwalde. I (V. 1854, S. 1); II. Alte Goldwäschen (V. 1854, S. 567);
III. u. IV. Granit und Granitporphyr des Böhmerwaldes (VI. 1855, S. 10); V.
Nördliche Abtheilung des Böhmerwaldes (VI. 1855, S. 749); VI. Die Höhen-
verhältnisse des Böhmerwaldes (VII. 1856, S. 435).

Dr. M. v. Lipold's geologische Karte.

Julius v. Pannewitz, Ueber die Urwälder Böhmens. Verhandl. d. schlesischen Forstvereins
1856, S. 280—296, und 1864, Beil. 3 24 u. f.

Georg Ritter v. Frauenfeld, Ein Besuch im Böhmerwalde nebst Aufzählung der Varietäten
des zoolog. Kabinets im F. Schwarzenberg'schen Jagdschlosse Wohrad nächst

In Böhmen heisst es Böhmerwald *(Sumava,* eigentlich von dem alt-
böhmischen *sumate,* Häuser, und *ava,* Wasser), in Baiern der Baierwald oder
Baiersche Wald.

Von Eger, vom Fichtelgebirge her erhebt sich der Gebirgswall höher
und höher bis zum Osser und Arber, der höchsten Erhebung des ganzen
Gebirgszuges, die beide schon in Baiern liegen. Da wo die Quellen der
Moldau zusammenfliessen, entwickelt er sein eigentliches Centrum und bildet
an ihrem rechten und linken Ufer mächtige Gebirgsstöcke, die nach Baiern
und Böhmen weit hinein zahlreiche Berg- und Hügelketten als Ausläufer
senden. Mit dem Pfälzerwalde, Fichtelgebirge, Frankenwalde, Erzgebirge und
den Sudeten gehört dieser mächtige Gebirgszug einem Complexe an, der in
zwei parallelen Reihen die Niederung und das Hügelland Böhmens und Mäh-
rens zwischen sich fasst, und sich bekanntlich mit dem Harze durch den
Thüringerwald zu einem grossen Gebirgsganzen verbindet, welches den Namen
des harcynischen Gebirgssystems führt.

Frauenberg, nach Mittheil. des Herrn Forstmeister Uoyda. Verhandl. der k. k.
geologisch-botan. Gesellsch. in Wien im J. 1866.

Vorläufiger Reisebericht des Verf. über die Urwälder Deutschlands, insbesondere des Böhmerwaldes, abgest. in der naturw. Sektion den 15. März 1865. Verhandl. d. schles.
Gesellsch. v. J. 1865.

Derselbe über das Resonanzbodenholz des Böhmerwaldes, in den Verhandl. des Breslauer
Gewerbe-Vereins 1865.

Prof. Dr. Kutzen, Der Böhmerwald in seiner geographischen Eigenthümlichkeit u. geschicht-
lichen Bedeutung, verglichen mit den Sudeten, besonders mit dem Riesengebirge.
Histor. Sektion d. schles. Gesellsch. d. 17. November 1865.

Einzelne Schilderungen des Böhmerwaldes in den Mittheil. des Vereins für Geschichte der
Deutschen in Böhmen. 3. J. Nr. 6 u. f.

Der Böhmerwald. Natur u. Mensch geschildert von J. Wenzig u. J. Krejčí, mit einem
Vorworte vom Geheimrath Carl Ritter in Berlin, nebst 55 Holzschnitten. Prag
bei Bellmann 1860, p. 3 & 40. Unentbehrlich für den Reisenden, dem dies
Werk wesentliche Dienste leistet, weil es alle Verhältnisse berücksichtigt; doch
empfehlen wir bei künftigen Auflagen Zugabe von Karte und Reisetouren, die
man schmerzlich vermisst.

Böhmens Botaniker und Forstmänner unterscheiden am Böhmerwald drei verschiedene Regionen, die, wie fast überall bei niedrigeren Gebirgen so auch hier, durch scharfe Grenzen nicht getrennt werden können. Die unterste, ausgezeichnet durch lohnende Ackerkultur, Obst- und selbst noch Hopfenbau, reicht von 1000 bis 1800 und 2000 F. Höhe; die zweite, schon waldreichere, aber noch mit vielem Getreidebau, von 2—3000 F.; die dritte oder die Hochgebirgszone von 3000—4500 F, in welcher der Wald noch so entschieden vorherrscht, dass nur die äussersten Spitzen dieser hohen Kämme frei davon erscheinen.

Die höchsten Punkte sind, wie schon erwähnt, der Arber, eine Gneismasse von 4500 F. Höhe, die sich mit ihren vier hörnerartigen, aus gewaltigen Gneistrümmern bestehenden Felsgruppen, insbesondere vom Eisensteiner Thal aus imposant genug ausnimmt. Die Aussicht ist im hohen Grade umfassend, erstreckt sich über das ganze, höchst ausgedehnte Waldgebirge nördlich bis tief nach Böhmen hinein, südlich nach Baiern, bis an die Donau und darüber hinaus, wo endlich die zackig zerklüftete Kette der Kalkalpen den Horizont begrenzt.

Der grosse Rachel (3533 F.) bietet dagegen den vollständigsten Ueberblick des ganzen namentlich böhmischen Gebirgsstockes dar.

Anderweitige hohe Punkte: Der Plöckelstein (4351 F.) in Böhmen, am rechten Ufer der Moldau, von ihm auf dem Rücken fort der Dreieckmark, wo die Grenzen von Böhmen, Oesterreich und Baiern zusammenkommen, mit den wunderbaren, aus 30—40 Lagen mächtiger Granitplatten wie eine Burgruine mit Mauern und Thürmen aufgebauten Felsenpartien der Dreisesselsteine. Unfern davon auf gleicher Höhe der Königstein, eine Reihe von 30—40 F. hohen Granitsäulen, gegenüber am linken Ufer der Moldau die gewaltige Masse des Kubany (4290 F.) mit einer weiten, hier und da nur durch die bis auf den Gipfel reichende Bewaldung beschränkten Aussicht, um ihn herum mehrere 3000—3500 F. hohe Bergkuppen, alle bedeckt mit hier vorzugsweise in ausgezeichneter Schönheit erhaltenen Urwäldern.

Das herrschende Gestein des ganzen Gebirges ist der Gneis, aus welchem der ganze mächtige Centralkamm des Gebirges zwischen Eisenstein und Kuschwarta mit den höchsten Bergkuppen, dem Arber, Rachel und Kubany besteht, wie auch die Zone des niedrigen Vorgebirges. Im südlichen Theile des Böhmerwaldes, zwischen Prachatic und Krummau, ist in dem Gneis eine mächtige Weisssteinmasse eingelagert. Granit bildet südlich von dem Gneis-centralplateau an der bairisch-böhmischen Grenze den obengenannten Plöcken-stein mit den malerischen Kuppen des Dreisesselberges, Glimmerschiefer nord-westlich einen ebenfalls 4000 F. hohen Zug mit dem höchsten Gipfel, dem Osser (4050 F.), dessen zackige Form von der Form der andern oben-genannten erhabensten Berge abweicht und dadurch einigermassen an alpine Formen erinnert. Uebrigens vermisst man hier überall den ächten Hoch-gebirgscharakter, schroffe Bergformen, tief eingeschnittene Thäler mit mäch-tigen Felsmauern, nackte Kämme mit über dieselben hoch emporsteigenden kahlen Gipfeln, wie sie selbst das Riesengebirge aufzuweisen hat, welches besonders mit seinem in Böhmen gelegenen Theile die ganze Gebirgskette unbestritten an malerischer Schönheit weit übertrifft. Dichte Fichtenwälder reichen im Böhmerwald bis auf die höchsten Erhebungen, und nur etwa 100 bis 200 F. unter den Gipfeln, also stets nicht unter 4000 F. findet sich auf dem hier auch erst hervortretendem felsigen Trümmergestein, vermischt mit Ebereschen, Knieholz *(Pinus Pumilio Hänke)* ein, welches daher hier, da es auch überall auf den viel niedrigeren Mooren der Thäler vorkommt, zur Be-stimmung einer Region oder Vegetationsgrenze nicht dienen kann, wie dies im Riesengebirge und in so vielen Alpengegenden der Fall ist. Denn das ganze obere Moldauthal, also recht eigentlich der Haupttheil des Gebirgszuges von Friedberg, Unterwuldau aufwärts bis nach Ferchenhaid in mehr als 7 Meilen Länge und durchschnittlicher Breite einer halben Meile, einschliesslich der Thäler der in diesen Hauptstrom mündenden Flüsse und Bäche und zwar weit hinauf bis fast zu ihrem Ursprunge im Gebirge, ist mit einem zusammenhängenden 3—4 Klaftern tiefem Moor erfüllt und be-deckt mit wahren Urwäldern von Knieholz, welches hier in beiden Formen als *Pinus montana rostrata (uncinata Ram.)* und *Pinus montana Pu-milio (Pumilio Hänke)* vorkommt. Zu Urwäldern darf man sie um so mehr rechnen, als man sie wegen Ueberfluss an anderweitigem Holz fast noch gar nicht benutzte, sondern ganz und gar ihren natürlichen Verhältnissen überliess. Nach ungefährer Schätzung mögen die mit Knieholz erfüllten Moorgründe des

Moldaugebietes einschliesslich der Seitenthäler in der oben angegebenen Ausdehnung bis zum Ursprunge der Moldau etwa 3650 Joch à 2¼ Pr. Morgen, also 8212 Preuss. Morgen einnehmen. Das Joch gab in einem Falle nur aus stärkeren Stämmen (als sogenanntes Prügelholz) dennoch 42 Klaftern, etwa 35 Kubikfuss pro Klafter. Doch dürfte mancher Moorgrund nach der Meinung des Herrn Forstmeister J o h n wohl das Doppelte liefern. Jene also als urwaldlichen Alters anzusehenden Knieholzbestände bieten keine besonderen Wachsthumsverhältnisse dar, wie ich auch noch jüngst auf unserm Riesengebirge, wo es an wahrhaft jungfräulichen Knieholzpartien ebenfalls nicht fehlt, gefunden habe. Der alte Stamm, welcher nur äusserst selten ein Alter von 400 Jahren erreicht, verrottet, und der neue entwickelt sich in dem aus Moos *(Sphagnum, Polytrichum, Dicranum)* inclusive Flechten *(Cenomyce, Cornicularia, Cetraria)* bestehenden dichtem Geflecht, welches sich bei der ersten Ansiedelung unter dem Schutze des Knieholzes allmählig entfaltet und zu grösserer oder geringerer Mächtigkeit gelangt. So findet man namentlich in Hochmooren der Moldauthäler und ihrer Seitenthäler und auch im Riesengebirge auf der Isarwiese 3—4 Generationen von Knieholzstämmen übereinander, deren Alter sich wohl auf Jahrtausende schätzen lässt, da das Knieholz noch viel langsamer als die andern mir bekannten Coniferen zerstört wird, insbesondere die in niedern Regionen bei diesem Processe so wirksame Pilzvegetation hier weniger entwickelt erscheint.

Diese eigenthümlichen felsenlosen Thalbildungen, in denen nur sparsame Gruppen von Häusern oder kleine Dörfer sich befinden, verleihen im Verein mit den waldbedeckten rundlichen, welligen Bergzügen dem eigentlichen Centrum des Böhmerwaldes, wie um Kuschwarta, ein einförmiges, unschönes, ja wildes Ansehen, wie man nicht in Abrede stellen kann. Die Gewässer zeigen nicht die krystallhelle Durchsichtigkeit oder schöne blaugrüne Farbe der Alpenflüsse, sondern braungefärbt wie die moorigen Bäche der Ebene durchziehen sie die Thäler in zahllosen, wahrhaft mäandrischen Krümmungen, wie sie der moorige Boden leicht gestattet. Seen im wahren Sinne des Wortes fehlen, denn die mit diesem Namen bezeichneten Wasserbecken sind fast alle sehr klein und erlangen nur zeitweise durch künstliche Stauung, weil man ihre Gewässer zum Holzschwemmen benutzt, einen grösseren Umfang. Doch besitzen mehrere pittoreske Schönheit.

So lagern in dem Glimmerschiefergebirge des Osser, wo die Urwälder mit ihren Riesenstämmen längst verschwunden sind, tief zwischen 6—800 F. hohen Felswänden in romantischer Stille und Einsamkeit der schwarze See in 3190 F. Seehöhe bei Eisenstrass und von ihm durch einen 4000 F. hohen Glimmerschieferrücken (die Seewand) getrennt, der Teufelssee in 3243 F. Höhe, umwebt von allerlei auch hier wie in andern Gebirgen nicht fehlenden schauerlichen Sagen. Die ursprüngliche Länge des ersteren beträgt 306 F., die Breite 120 F. In Folge der Anspannung der Gewässer zu dem gedachten Zwecke war er bei unserer Anwesenheit mindestens dreimal so gross. Von der einen mehr zugänglichen Seite wird er von Knieholz eingefasst, von der andern überall von bis an das Ufer reichenden Fichten, die zwischen dem Stamm und Wurzelresten des hier einst befindlichen Urwaldes entspriessen, so dass das Fortkommen in diesem Dickicht kaum in Dschungelwäldern schwieriger erscheinen kann, was sich übrigens hier in den Urwäldern überall wiederholt, wenn man sich veranlasst sieht, ausserhalb der gebahnten Wege zu wandern. Gewaltige gebleichte Stämme schwimmen herum oder sind am Ufer aufgehäuft, oft senkrecht in die wie es scheint gewiss sehr bedeutende Tiefe versenkt, die weder hier noch bei irgend einem andern See des Gebirges bis jetzt jemals gemessen ward. Der See nährt bis 12 Pfund schwere Forellen. Als botanische Merkwürdigkeit ist hier der bereits 1816 von Tausch entdeckte Isoetes lacustris zu erwähnen, zu welchem wir aber des hohen Wasserstandes wegen nicht gelangen konnten, da ein Kahn nicht vorhanden war. Der etwas kleinere Teufelssee (3243 F.), womöglich von noch dunklerer Farbe wegen der fast von allen Seiten dicht herantretenden, an 120 F. hohen, zypressenartig gewachsenen Fichten, über welche sich von drei Seiten noch 5—600 F. hohe ziemlich senkrechte Felswände erheben, gewährt in der That einen fast schauerlichen Anblick.

Verwandter Beschaffenheit sind die beiden vom Arber aus sichtbaren Arberseen (der grosse und der kleine).

Wahrhaft erhaben erscheint von der Höhe des 900 F. senkrecht über dem Seeboden erhobenen granitnen Plöckelsteins der Plöckelsteinsee in einem ziemlich umfangreichen, theilweise von Knieholz und einem mit Urwald und schon mehrfach regenerirten Walde erfüllten Thalkessel. Es giebt in der That keine Partie im ganzen Bereich des Böhmerwaldes, welche sich mit dieser an wahrhaft wilder Schönheit vergleichen liesse.

———————

Unsere Reisetour, auf welche wir hier wegen unserer die Flora des Gebietes betreffenden Beobachtungen zurückzukommen uns genöthigt sehen, begannen wir von Winterberg aus, einem in 2024 F. Höhe etwa 16 M. von Prag liegenden Bergstädtchen, in Begleitung des dasigen Fürstlich Schwarzenberg'schen Forstmeisters Herrn John, südöstlich über die Kubohütten (3058 bis 3127 F. Seehöhe), wo die so eigenthümlich gebildete Schlangenfichte *) in mehreren Exemplaren wächst. Von hier reisten wir NW. von Winterberg in die Urwälder des Kuba ny und von seinem Gipfel längs des Kapellenbaches bis zum Einfluss desselben in die Moldau bei Schattawa, wo Herr Oberförster Brand ein überaus gefälliger Mentor, (2424 F. Seehöhe) im Moldauthale nach Kuschwarta, einem Flecken an der Strasse nach Passau, den wir Botaniker zum Stationsort zur Untersuchung der benachbarten Moldaumoore und Urwälder

———————

*) Diese eigenthümliche Varietät der Fichte, die sich in ihrer äussern Erscheinung von der gewöhnlichen Form mehr unterscheidet, als diese von der zu derselben Gruppe gehörenden Arten (wie z. B. von orientalis, Khutrow etc.), kommt immer nur vereinzelt im Böhmerwald (Forstmeister John in d Verh. d. Böhmischen Forstvereins 1853. Neue Folge 1. Heft), wie auch ausserhalb desselben in verschiedenen Gegenden Böhmens nach Mittheilungen des Herrn Prof. Dr. Crell in Prag vor; dergleichen sah ich sie hie und da in Schlesien, Sachsen und andern Gegenden. Sie zeichnet sich durch sparsame Verästelung aus. Die verlängerten, aber nicht herabhängenden, sondern wie gewöhnlich vom Stamme abstehenden ruthenförmigen Aeste haben nämlich nur sehr wenige und dann auch nur sehr kurze Seitenäste, daher ein grösserer Baum von weitem wie krank, etwa wie von Raupen angegriffen erscheint, was jedoch keineswegs der Fall ist, indem die Nadeln ebenso zahlreich wie gewöhnlich sich vorfinden und der geschilderte eigenthümliche Habitus nur durch die einfachere Astbildung veranlasst wird. Es ist mir nicht bekannt, ob sie jemals in botanischen Werken schon beschrieben ward. Vielleicht gehört *Pinus Abies β. viminalis Wahlenb β. vaer G10 ramis teretibus simpheriaeralis vergens* hierher. Taf. IX. Fig. 1 hat mein Herr Reisebegleiter Stabs-Apotheker Möncke eine recht treue Abbildung des 16 F. hohen Exemplars vom Kuboberge geliefert. Ein ähnliches befindet sich im Gräflich Schaffgotschen Garten in Warmbrunn, mehrere grosse Bäume in Oberlgk bei Breslau. Die Zapfen bieten keine Verschiedenheit dar. Ein aus Samen derselben gezogenes, jetzt etwa 6jähriges Exemplar kultiviren wir im hiesigen botanischen Garten. Es ist noch zu jung, um beurtheilen zu können, ob sich diese jedenfalls nur zufällige Abweichung dauernd erhält.

empfehlen. Gutes Unterkommen gewährt daselbst das Wirthshaus des Herrn Reif. Von hier NW. gingen wir über Gross-Zdikau, dem Centrum einer grossen ebenfalls an Urwäldern noch reichen Herrschaft des Grafen Thun, nach der von zahllosen Schutthalden umgebenen, einst wegen ihres Goldreichthums berühmten Bergstadt Bergreichenstein, dem aussichtsreichen Güntersfelsen bei Gutwasser (in 2728 F.), Hurkenthal (3132 F.), Haydt (2906 F.) nach Eisenstein (2776 F.) in das Land der königlichen Freibauern oder in das Künische Gebirge.

Von hier aus stiegen wir über das Forsthaus bei den Seehäusern (2737 F.) zu dem vorhin erwähnten schwarzen und Teufelssee, dann zurück nach Eisenstein und durch das Thal des Regen über Bairisch-Eisenstein auf den Arber, dem schon genannten höchsten Punkt des gesammten Gebirgszuges (4604 F.). Von Eisenstein führte uns der Weg nach Neuhurkenthal (2402 F.), nach Stubenbach (2665 F.) und den am Fusse des 3392 F. hohen Adamsberges gelegenen Maderhäusern, Hauptsitze der böhmischen Holzindustrie, insbesondere der Resonanzböden für musikalische Instrumente, deren Begründer Bienert damals noch lebte und uns sehr freundlich empfing, seitdem aber, im Februar 1866, verstorben ist. Der Botaniker hat hier Gelegenheit, vortreffliche Acquisitionen für Holzsammlungen zu machen. Das hier in der Nähe in 3341 F. Höhe befindliche Weitfällenfilz, ein grossartiges mit Knieholz bedecktes Moor, mit dem am Fusse der Rachel gelegenen Fichtenurwald von ähnlichem und womöglich noch wilderem Charakter wie der am Kubany beschäftigten uns angelegentlich. Winterberg und später Kuschwarta erreichten wir wieder über Philippshütte (3360 F.), den Mooren von Aussengefield und Gross-Zdikau.

Von Kuschwarta aus betraten wir über das Forsthaus Neuthal (2614 F.) abermals das Bairische Gebiet durch mit einzelnen Urwaldbäumen gezierte Tannen- und Buchenregionen (Weisstannen von 15—20 F. Umfang und 180—200 F. Höhe) in die Fichtenregion, in einem alle Wachsthumsformen dieses Hauptbaumes dieses Gebirges zeigenden Durchhau, auf den Dreisesselberg, auf welchem um die Gneisfelsen wieder Knieholz angetroffen wird.

Von dem Dreisesselberg stiegen wir über den Plöckelstein herab nach dem so romantisch gelegenen, oben bereits geschilderten Plöckelsteinsee, dem Schwarzenberg'schen Schifffahrtskanal, dem Salnauer Thal mit den wahrhaft mäandrischen Krümmungen der wie überall so auch hier in tiefem Moor dahinfliessenden tiefbraungefärbten Moldau, über das moorreiche Tusset, die Graphitwerke von Schwarzbach nach Krummau, dem Hauptsitze der Fürstlich Schwarzenberg'schen Verwaltung.

Schliesslich nur noch die Bemerkung, dass in Folge der neuen Eisenbahnverbindungen man am bequemsten nicht mit der Post, wie wir, von Prag nach Winterberg, sondern mit der Bairisch-Böhmischen Eisenbahn von Prag bis Tauss fährt, von wo der schwarze oder Eisensteiner See nur 2 Stunden entfernt ist, von dem man dann auf den Arber, Stubenbach, Winterberg, Kuschwarta u. s. w. gelangen kann.

IV.

Die Urwälder des Böhmerwaldes.

.

Die Urwälder finden wir hier auf den grossen Herrschaftsgütern des Fürsten Adolph von Schwarzenberg, auf den Herrschaften Krummau, Winterberg, Stubenbach, sowie auf der Gräflich Thun'schen Herrschaft Gross-Zdikau. Weiter nordwestlich bei den königlichen Freibauern, im sogenannten „Künischen" sind sie, wie schon erwähnt, längst verschwunden. Die kolossalen Waldkomplexe auf der dem Fürsten Windischgrätz gehörenden Herrschaft Taman erinnern nur hie und da in einzelnen Stämmen und Waldrevieren an Urwald. So wird das Gesammtareal des Urwaldes im Böhmerwald noch auf 33,000 Joch (1 Joch = 1600 Q.Klaftern, etwa 2¼ Morgen Preussisch, genau berechnet 2 Morgen 49⅓ Q.Ruthen), also auf etwa 70,000 Pr. Morgen geschätzt, während der gesammte Waldbestand jener ebengenannten vier Herrschaften mit dem kultivirten Wald zusammen ungefähr 100,000 Joch beträgt. An gesundem stehenden Holze rechnet man im Urwalde als geringe Durchschnittszahl 100 Kl. per Joch. Dazu kommen noch, wenn man annimmt, dass als Resultat einer natürlichen Durchforstung durch Alter, Wind- und Schneebruch in 200 Jahren 100 Klaftern per Joch ausgeschieden werden, und dass davon die Hälfte bereits verfault ist, immer noch 50 Klaftern brauchbaren Lagerholzes auf das Joch. Danach liesse sich die gesammte Holzmasse der Urwälder des Böhmerwaldes auf 6½ M. Klafter (die Klafter $=$ 60 K.-F.) schätzen. (Hochstetter u. a. O.)

Die Gesammtfläche der obengenannten Fürstlich Schwarzenberg'schen Herrschaft Krummau beträgt 22 Q.Meilen, die fürstliche Waldmasse aber 50,800 Joch oder 124,500 Morgen. Die Bevölkerung ist dünn, da sie nur aus 85,000 Seelen besteht, wovon die Hauptursache wohl in den grossen Waldmassen zu suchen ist. Der Hauptstock der Krummauer Forsten liegt an der Bairischen Grenze zum Theil in bedeutender Höhe, da er den im vorigen Abschnitt genannten Plöckerstein (4316 F.), den Dreieckmark (4120 F.) und den Dreiesselberg in sich schliesst. Man schätzt die Masse des Urwaldes noch auf 23,500 Morgen. Rechnet man hierzu noch die Urwaldmassen des westlich dicht daran grenzenden Fürstlich Winterberg'schen Reviers von 17,550 Preuss. Morgen hinzu, so ergiebt sich für beide Reviere 41,056 Morgen Pr.

Das ganze Revier umfasst 25,673 Joch oder 57,762 Morgen ebenfalls in zum Theil hoher Lage, am höchsten auf dem Kubany von 4298 F. Seehöhe, auf dem sich noch etwa 3200 Joch oder 7200 Morgen Pr. in ihrem primitiven Zustande erhalten haben und Aller Angaben und Meinungen nach die Urwaldverhältnisse des Böhmerwaldes am grossartigsten repräsentiren. Um sie nun aber auch der Nachwelt zu erhalten, hat der durchlauchtige Besitzer dieses unschätzbaren Kleinodes entschieden:

> „dass von besagtem Urwalde 3200 Joch für immer
> erhalten und gepflegt werden sollen, um auch den
> Nachkommen noch einen Begriff von der Vollkommen-
> heit zu verschaffen, welche ein günstig gelegener
> Wald bei vorzüglichem Schutz und Pflege erlangen
> könne";

eine Anordnung, für welche Mit- und Nachwelt sich nicht genug dankbar bezeigen können und die um so erwünschter erscheint, als die grössere Zugänglichkeit dieser Waldmassen durch die von Schattawa aus über den Kubany angelegte Kunststrasse, die Kukastrasse, wohl die Besorgniss erregen musste, dass sie dazu bestimmt sei, in noch höherem Grade die Verwerthung des Holzes einzuleiten und somit die Erhabenheit des Waldes zu beeinträchtigen.

Der erste Eindruck, den diese doch eigentlich so einfach zusammengesetzten Wälder gewähren, lässt sich nur schwer beschreiben. Freundlich und geräumig erscheinen sie in den untern Regionen, wo Buchen und Weisstannen gemeinschaftlich vorkommen, weil sie in bedeutender Höhe, von 60—80 F., erst Aeste zeigen, wodurch sie sich gleich von vornherein selbst von ältern Beständen anderer Gegenden unterscheiden. Wie polirte Säulen treten uns die schlanken 3—4 F. starken und oft 100—120 F. hohen Buchen entgegen, mit ihren herrlichen Kronen, thurmähnlich die 4, häufig 6, ja selbst 8 F. dicken und 120—200 F. hohen Weisstannen, hoch oben erst bei 80—120 F. mit sparrigen, weit abstehenden, sich nur wenig verkürzenden Aesten, während die mit ihr an Stärke und Höhe wetteifernden Rothtannen in schönen Pyramiden sich gipfeln. Im dichtesten Urwald erscheint das helle Licht des Tages beschränkt, die gewaltigen Kronen verhindern das Eindringen der Sonnenstrahlen, tiefe, durch keine Laute der Thierwelt unterbrochene Stille umgiebt uns und nur der hier nie fehlende Wind durchsaust die Wipfel. Zu grosser Vorsicht ermahnt der pfadlose Boden, der aus einem Gewirre von zerbrochenen, dahingestreckten, halb oder ganz vermoderten, mit Moos, Farrn und anderen Waldpflanzen bedeckten Stämmen und wunderlich untereinander verwachsenen Wurzeln besteht, aus denen sich die Kolosse des Waldes erheben. Mit kaum glaublicher Schnelligkeit entwickelt sich überall die junge Fichtenwaldung, die alle Lücken einnimmt und die zahlreichen mit Moos bedeckten Lagerhölzer mit Legionen von jungen Stämmchen überzieht. Im Ganzen bleiben sich die Urwälder hier überall ziemlich gleich, an feuchte Orten längs dem herabrieselnder Bäche, zwischen 2000—3500 F. Höhe am imposantesten und wegen des Gemisches von Buchen, Weiss- und Rothtannen auch zugleich am mannigfaltigsten, am wildesten höher hinauf an felsigen Abhängen, wo sie auch nur aus Fichten bestehen. Hier ist denn auch die Hand des Menschen am wenigsten thätig gewesen, und zahlreiche oft von oben bis unten mit Bartflechten oder *Usneen* bedeckte und entrindete Stämme, weissgebleichte Baumleichen, starren noch aus dem holztrümmerreichen Boden, wie z. B. auf dem Weilfüllenflötz, oft wahrhaft grauenhaft empor. Die Urwälder auf dem Kubany hält man für die imposantesten. Eine wohlgebahnte Strasse führt, wie schon erwähnt, in allerneuester Zeit mitten in sie hinein.

Schon im Thale kann man von weitem den Urwaldcharakter der die Höhen bedeckenden Waldungen, wie schon Hochstetter bemerkt, an ihren zackigen Conturen erkennen, welche durch die die runden Laubkronen der Buchen durchbrechenden Tannen mit ihren horizontalen Aesten und die schönen Pyramidengipfel der Rothtannen hervorgerufen werden, wie die Tab. I. Fig. 1 gegebene Ansicht einer Urwaldhöhe, gesehen vom Moldauthale bei Schattawa, zu zeigen bestimmt ist: a. Buchen, b. und c. darüber hervorragende Weisstannen und Rothtannen oder Fichten, d. die obere oder Fichtenregion mit einzelnen thurmartigen Weisstannen.

Von Schattawa aus kamen wir zunächst in die Buchenregion, die sich nach Angabe unseres bewährten Führers, Herrn Forstmeisters J o h n, von 1500 — 3000 F. erstreckt. Die Buchen selbst kommen hier weniger häufig ausschliesslich oder in reinen Beständen vor, und scheinen kaum ein höheres Alter als 300 — 400 Jahre zu erreichen. Am schönsten finden wir sie auf dem Schreiner, einem in der Nähe des Kubany gelegenen 3000 F. hohen Berge, in der für diesen Baum ganz abnormen Höhe von 18 — 24 Klaftern bei 28 — 45 Z. Durchmesser; als den mächtigsten bezeichnete Herr J o h n einen Stamm von 12 — 13 F. Umfang in Brusthöhe und 22 Klaftern Länge, ohne den Gipfel, dessen Holzgehalt er auf 700 K.-F., das Alter auf 500 Jahre schätzte. Unsere Bewunderung erregte weniger die Stärke der Stämme, die wir schon an mehrern Orten Deutschlands, bei Würzburg, auch in Schlesien bei Sprottau und Skarsine, in gleichen Dimensionen beobachteten, als vielmehr die bedeutende Stammhöhe und die Menge der gleichaltrigen Exemplare. Der eigentlich interessanteste Baum bleibt jedoch durch seine ungeheure Höhe die W e i s s t a n n e (*Pinus Picea L.*), der schönste die F i c h t e (*Pinus Abies L.*) wegen ihres vielgestaltigen pyramidalen Wachsthums. Hochstetter sah im sogenannten Greinerwald bei Unter-Wuldau in 2563 F. Höhe eine vom Sturm gestürzte Weisstanne von 9½ F. Durchmesser in Brusthöhe, also etwa von 30 F. Umfang, und 200 F. Länge. Dreissig Klaftern 30zölliges Brennholz

schätzte man die Holzmasse des Riesen. Eine andere von 20 F. 6 Z. Umfang war 168 F. hoch. Dergleichen in Brusthöhe von 4 — 6 F. Umfang, im
Alter von 3—400 Jahren, mit 15 — 20 Klaftern pro Stamm, keiner unter
12, kommen noch in ganzen Beständen vor, während allerdings Exemplare von ersterer Art gegenwärtig wohl zu den grössten Seltenheiten gehören,
ja vielleicht nicht mehr vorhanden sind. Im Revier St. Thomas und Neuthal
an der Winterberger Grenze fällte man vor Kurzem eine Weisstanne von
159 F. Höhe und 37 F. Umfang, welche die ungeheure Quantität von 81
Klaftern Derbholzmasse lieferte, wobei hier wie auch bei den folgenden der
Abraum, Stockholz, Gipfelholz und Aeste gar nicht in Anschlag gebracht
worden sind. Ich selbst besitze aus dem Winterberger Forst den Querschnitt
einer Tanne mit 448 Jahresringen von 210 Zoll Umfang, also 68 Zoll Durchmesser, die excl. Wipfel, Aeste und Stockholz 989 K.-F. Masseninhalt hatte.
Im Urwalde bei Schattawa fand ich eine Weisstanne von 22 F. Umfang, und
auf Bairischem Gebiete auf dem Wege von Neuhaus nach dem Dreisesselberg
in einem übrigens schon vielfach in Anspruch genommenen Walde eine noch
stärkere von 24 F., beide wohl nahe an 200 F. Höhe. Ein anderer vollständig erhaltener, aber schon lange dahin gestreckter, mit jungem Ausschlag
dicht bedeckter Stamm mass 170 F. Auch in andern Gegenden des Bairischen
Waldes sollen noch Tannen von 198 F. Länge und 10 — 18 Klaftern Inhalt
nicht selten sein, wiewohl ich nicht weiss, ob hier noch wirklich wohlerhaltene
Urwaldstrecken vorhanden sind, worüber merkwürdiger Weise Sendtner's
sonst so vollständiges und ausgezeichnetes Werk über die Vegetationsverhältnisse des Bairischen Waldes keine nähern Aufschlüsse gewährt (Sendtner, die
Vegetationsverhältnisse des Bairischen Waldes. München 1860. S. 342).

Jedoch zum Charakter eines Urwaldes gehören nicht blos einzelne
Stämme von kolossaler Grösse, sondern auch Dichtigkeit des Wachsthums, wie sie in der That zur Zeit noch wohl nirgends mehr in Deutschland, als eben hier gefunden wird. Die ungeheure Quantität von 140 — 300
Klaftern Holzmasse pro Joch (2½ Morgen Preuss.) ist vielfach vorhanden.

In der Nähe des Tussetter Forsthauses enthält der Urwald wohl wenig Stämme'
unter 10 Klaftern preuss. Inhalt, ja man kann wohl annehmen, dass die meisten Stämme hier 12—18 Klaftern liefern.

Herr John zählte auf dem Haidberge bei Schattawa auf einem Joch
150—200 Weisstannen, von 10—12 F. Umfang, bis 150 F. Höhe, und Buchen
von nicht geringerem Umfange und gleicher schwindelnder Höhe, die sie freilich auch hier nur äusserst selten und nur in so dicht geschlossenen Beständen erreichen.

Eine reiche Vegetation krautartiger Gewächse sowie eine unzählbare
Menge jüngerer Buchen, Fichten und Tannen, freilich in gedrücktem Zustande,
füllen die Zwischenräume zwischen jenen Riesen aus, die sich aber bald üppig
entwickeln, wenn durch Zufall oder Absicht einige der stark beschattenden
Kolosse umstürzen und sie dadurch freien Horizont gewinnen. Sie suchen
dann bald nachzuholen, was sie früher zu versäumen genöthigt wurden. Dass
sich dies in der That so verhält, lehrt das Studium der Querschnitte von unter
solchen Umständen gewachsenen oder sogenannten unterdrückten Stämmen,
insofern ihre Jahresringe je nach begünstigenden oder hemmenden Einflüssen
erweitert oder verschmälert erscheinen.

Herr Forstmeister John hat auch hierüber interessante Erfahrungen
gesammelt, die ich Gelegenheit hatte wiederholentlich zu bestätigen. So beobachtete er, dass Fichten, die 120—140, ja sogar 160 Jahre in vollständig
unterdrücktem Stande sich befunden und in diesem langem Zeitraum nur
5—7 Z. Durchmesser im Stamme erreicht hatten, sich demohnerachtet noch
nach Beseitigung der Beschattung wie andere in der Nähe befindliche besser
situirte zu gleich mächtigen Stämmen ausbildeten. Auf diese Weise findet
also fortdauernd eine allmählige Verjüngung der alten Buchen und Weisstannen-
Bestände statt, und man hat nicht erst nöthig anzunehmen, dass in langen
Perioden, wie etwa in 4—500 Jahren, ein totaler Wechsel des Nadelholz-
und Buchenbestandes erfolge.

Uebrigens sollen sich allerdings Weisstannen- und Buchenbestände oft schwer selbst erhalten und durch die viel häufiger samentragende, leichter keimende und natürlichen Hindernissen in höherem Grade trotzbietende Fichte bedrängt werden, so dass auf der Natur selbst überlassenen Blössen rasch die Fichte die Oberhand gewinnt und den Hauptbestandtheil regenerirter Wälder bildet, wie sie denn auch in der dritten oben bezeichneten Region hier die allein herrschende Baumvegetation ausmacht. Eine Bestätigung dieser Annahme fand ich jüngst in den Gräflich Schaffgotschischen Waldungen am Nordabhange des Riesengebirges, in denen durch immer weitergreifende Entwickelung der Fichte sichtlich ein Zurücktreten der Weisstanne wahrzunehmen ist, und Buchen kaum noch in zusammenhängenden Beständen angetroffen werden.

———— ————

Von anderweitigem Laubholze kommt in der Buchenregion des Böhmerwaldes der Bergahorn (*Acer Pseudo-Platanus*) und ein in unsern schlesischen Gebirgswäldern seltener Baum, die Ulme (*Ulmus campestris*) vor. Beide erreichen zwar in Folge des geschlossenen Standes eine bedeutende Stammlänge, doch nur eine mässige Stärke. Den Bergahorn sah ich nur selten von 6—10 F. Umfang, wie er wohl in andern deutschen Gebirgen oft vorkommt und niemals in solchen bewunderungswürdigen Exemplaren von 15—20 F. Umkreis, wie ihn die Schweiz freilich auch nur hie und da noch aufzuweisen hat. Linden fehlten merkwürdiger Weise gänzlich im Urwalde, Eschen treten im niedrigeren Niveau einzeln auf, von Erlen am häufigsten *Alnus incana*, weniger verbreitet *Alnus glatinosa*, ferner von Birken sowohl *Betula alba* als *B. pubescens*, von Weiden in stattlichen Stämmen *Salix caprea* bis in die Fichtenregion, *S. alba* und *fragilis* bleiben schon viel früher zurück. Von höchster Bedeutung ist die Fichte, *Pinus Abies L.*, welche, wie schon oben erwähnt, nicht blos in der obern Buchenregion sich schon sehr ausbreitet, sondern endlich von 3500 F. ab als der allein herrschende Baum anzusehen ist. Am herrlichsten und grossartigsten erscheint sie an der Grenze der Buchenregion, etwa zwischen 3000—3400 F., obschon niemals von solcher

Stärke und Höhe wie die Weisstanne, aber von ähnlichem astreinem Wuchse. Sie ersetzt dies jedoch durch das massenhafte Vorkommen in ungeheuren Beständen, wie z. B. im Urwalde von Kubany noch Tausende von Stämmen von 12—16 F. Umfang und 120—150 F. Höhe, 15—20 Klaftern pro Stamm, angetroffen werden. Stämme von 24 Klaftern Scheitholz gehören jedoch zu den Seltenheiten. Dabei erreicht sie ein höheres Alter als die Weisstanne. Stämme mit 700 Jahresringen sind schon in ganz gesundem Zustande beobachtet worden *). Unvergesslich bleibt mir der Anblick einzelner Partien auf dem Kubany, insbesondere am Kapellenbach, wo sich in einem Gesichtskreise an 40 Stämme von 10—20 F. Umfang und 120—150 F. Höhe aus einer nicht geringen Zahl an wild durcheinander liegenden, mit zahllosen kleinerem Fichtenanflug bedeckten Stammresten erheben.

Wahrhaft unvergleichlich ist auch ein neben der oben schon erwähnten Lankastrasse, auf der man ganz bequem mitten in diese Naturwunder gelangt,

---

*) Noch genauere Angaben über die Dichtigkeit des Wachsthums der Fichte und ihre Holzmasse im Kubany-Urwalde theilte Hr. John früher unserm leider jüngst verstorbenen Ober-Forstmeister von Pannewitz mit, welcher sie in den Verhandlungen des schlesischen Forstvereins v. J. 1864 S. 29 veröffentlichte, aus denen ich sie hier entnehme:

I. Zwei Probeflächen à 1 Joch (2⅓ Morgen preuss.) in der Fichtenregion, 3700' über der Meeresfläche (und höher noch), die Klafter 6' breit, 6' hoch, 2½' Scheitlänge.

Erste Fläche: Lebende Stämme 191 Klaftern; dürre, aber stehende Stämme 16 Klaftern; lagernde Stämme 38 Klaftern; Gesammtmasse 244 Klaftern.

Zweite Fläche: Lebende Stämme 167 Klaftern; dürre, aber stehende Stämme 23 Klaftern; lagernde Stämme 44 Klaftern; Gesammtmasse 236 Klaftern.

II. Vier Probeflächen à 1 Joch, in tieferen Lagen, 2000—3200' Seehöhe:

Erste Fläche: Lebende Stämme 172 Klaftern; dürre, aber stehende Stämme 64 Klaftern; lagernde Stämme 63 Klaftern; Gesammtmasse 300 Klaftern.

Zweite Fläche: Lebende Stämme 250 Klaftern; dürre, aber stehende Stämme 51 Klaftern; lagernde Stämme 55 Klaftern; Gesammtmasse 356 Klaftern.

Dritte Fläche: Lebende Stämme 273 Klaftern; dürre, aber stehende Stämme 9 Klaftern; lagernde Stämme 75 Klaftern; Gesammtmasse 358 Klaftern.

Vierte Fläche: Lebende Stämme 248 Klaftern; dürre, aber stehende Stämme 26 Klaftern; lagernde Stämme 71 Klaftern; Gesammtmasse 356 Klaftern.

Sonach beträgt auf der zweiten und dritten Fläche die Gesammtmasse pro Morgen preuss. 160 Klaftern.

forstlich eingerichteter Restaurationsplatz, dessen unmittelbare Umgebung 6 Baumriesen von 180 F. Höhe und 4 F. Durchmesser bilden, mit Naturtischen von 4—500 Jahresringen und moosbedeckten Holzbänken, auf denen bereits wieder junge Fichten üppig vegetiren.

Von 3600 F. bis zu den höchsten Gipfeln erfährt die Fichte auch hier wie auch auf andern Gebirgen eine Veränderung der Form, die Schäfte werden kürzer, die Aeste steigen immer tiefer herab, verlängern sich in horizontaler Richtung oder neigen sich in Folge von Schneedruck wohl abwärts, wodurch denn endlich der Baum ein vollkommen pyramidales oder konisches Aeussere erhält. Ausserordentlich schön sieht man die Umwandlung in den Hochgebirgsstamm in allen Graden an dem breiten, grad bergansteigenden Durchhaue, der von der böhmischen Seite auf den Dreisesselberg fährt.

In der untern Fichtenregion sind natürlich die Jahresringe am breitesten: auf Holzscheiben von 16 F. Umfang zählte ich nur 100 Jahresringe. Höher hinauf werden sie immer enger: ein Stamm in etwa 3500 F. Höhe von 3 F. Durchmesser zeigte 420, andere fast auf dem Gipfel des Kubany in 4100 F. Höhe bei 2 F. Durchmesser 235, bei 2½ F. 290 [*]), auf dem Dreisesselberge, zwischen den Dreisesselsteinen und den Hochsteinen bei 2 F. Durchmesser immer noch 160, bei 9 Zoll 130, bei 4 Z. 80 Jahresringe, ebenso auf dem Arber über und unter dem Kniehölz bei 4 Zoll 70 Jahresringe. Dort sah ich auch etwa in 4200 F. noch eine 3 F. dicke, aber nur 40 F. hohe Fichte mit kronleuchterartig gebogenen Aesten, ähnlich den sogenannten Wettertannen der Schweizeralpen. Auch Sendtner gedenkt auf dem Gipfel des kleinen Arber (4332 F. Höhe) noch 40—50 F. hoher Bäume, desgleichen auf dem Hochsteine (4118 F.) noch zapfentragende Stämme, die ich gleichfalls beobachtete.

Uebrigens fand ich den bei Weitem grössten Theil der Fichten auf den von mir besuchten höchsten Punkten keineswegs krank oder verkrüppelt, wie man im Allgemeinen gewöhnlich solche niedrige Bäume ohne weitere nähere Untersuchung zu nennen pflegt. Sie zeigten im Gegentheil ein recht üppiges Wachsthum, welches sich nur nicht durch bedeutende Entwickelung der

[*] Ueber alle diese Verhältnisse hat Hr. John eine Fülle der interessantesten Beobachtungen gesammelt, deren langersehnte Veröffentlichung immer noch auf sich warten lässt.

Hauptachse, sondern durch recht reichliches Hervorsprossen von Seitenknospen und daraus sich entwickelnden Aesten zu erkennen giebt. Die Hauptachse bleibt in Folge dessen zurück und wird von den Seitenachsen gewöhnlich überragt. Auf den Kämmen des Riesengebirges in etwa 4000 F. Höhe, wie auf den Alpen an der Baumgrenze pflegen die Hauptachsen der Fichten und Lärchen, welche dort noch als die äussersten Vorposten der Baumvegetation figuriren, sichtlich erkrankt überall mit *Usneen* und *Cetrarien* (*Cetraria glauca, sepincola* u. s. w.) bedeckt und mit zahlreichen dürren Aesten ausgestattet zu sein, in welchem Falle man allerdings wohl berechtigt ist, von Krüppeln zu sprechen. Ueberhaupt zeichnen sich, wie wir dies hier beiläufig bemerken wollen, sämmtliche von uns gesehene Waldgebiete des Böhmerwaldes durch ihre gesunde Beschaffenheit aus, wie denn nach Versicherungen der Beamten auch allgemeine Erkrankungen, selbst Insektenfrass und dergl., hier niemals in grosser Ausdehnung, sondern nur sporadisch vorkommen sollen. Wo alle Lebensbedingungen zu gedeihlicher Entwickelung in so harmonischem Vereine wirken, wie hier, pflegen Erkrankungen auch nur ausnahmsweise eintreten.

Auf dem Riesengebirge schlagen sehr häufig die unteren, meist sehr verlängerten, mit feuchtem Moos (*Sphagnum*) und Flechten bedeckten, also wie in einem Wasserbade befindlichen Aeste Wurzel, worauf sie sich erheben und stammähnlich werden, ja selbst quirlförmig gestellte Aeste entwickeln. Auf diese Weise entstehen Büsche von 15—20 Stämmen jeder Grösse, die aber alle zu der oft sehr verkümmerten ursprünglichen Hauptachse gehören. Tab. I. Fig. 2 habe ich eine Skizze eines solchen Busches von 15—20 F. Durchmesser von dem Kamme des Riesengebirges von 4300 F. Höhe geliefert. a. Hauptstamm; b. kleinere Stämme; c. Umbiegungsstellen der wurzelschlagenden, später aufrecht wachsenden Aeste. Viel seltener kommt eine Tab. I. Fig. 3 abgebildete Form vor, und Fig. 4 vom Eulengebirge in Schlesien aus 2800 F. Seehöhe, die ich nur zweimal beobachtete. Mit Gewissheit ermittelte ich, dass an jedem Astquirl sich einer der Aeste, natürlich der in die Erde gelangte, zur Wurzel, ein entgegengesetzter zum Stamme sich ausgebildet hatte. Ausserdem waren aber auch eine Menge Seitenwurzeln an der andern der Erde zugekehrten Seite des Hauptstammes entstanden Die Stärke und Höhe der einzelnen Stämme beträgt bei:

a. 4 Zoll stark und 25 Fuss hoch.

b. 6 „ „ „ „ 37 „ „

c. 5 „ „ „ „ 35 „ „

d. 8 „ „ „ „ 18 „ „

e. 3½ „ „ „ „ 20 „ „

———————

Es ist mir nicht bekannt, ob man jemals eine ähnliche Beobachtung gemacht hat, jedoch zweifle ich nicht, dass ein längeres Verweilen in den Urwäldern Böhmens, besonders in den höhern Regionen derselben, gewiss ähnliche Wachsthumsverhältnisse hätte auffinden lassen. Für gewisse praktische Zwecke der Gärtnerei dürfte sie vielleicht Beachtung finden, indem man in passend eingerichteten Vermehrungshäusern auf diesem von der Natur vorgezeichneten Wege werthvolle Coniferenstämme, wie z. B. *Araucarien*, vermehren und so aus einem einzigen bereits mit mehren von Astquirlen versehenen Stamme lauter Gipfel-Exemplare, worauf es hier vor Allem ankommt, zu erziehen vermöchte.

Als eine Eigenthümlichkeit dieser Urwälder müssen wir noch die zahlreichen knolligen, oft wunderlich gestalteten Auswüchse erwähnen, die in jeder Grösse, insbesondere an Fichten angetroffen werden, wobei der Stamm oft völlig gesund und nichts weniger als krank erscheint. Schwämme, die in ungeheurer Grösse, 2 — 4 F. Breite, nicht blos an Buchen, sondern auch an Fichten vorkommen, findet man dagegen immer nur an theilweise bereits erkrankten Bäumen. Die von mir gesehenen Schwämme gehören nicht zu *Polyporus fomentarius* oder *igniarius*, sondern zu *P. pinicola Fries* (*Polyporus fomentarius fl. Danic.*). An einer scheinbar wenigstens gesunden Fichte im Kubany-Urwalde von 20 F. Umfang sah ich einen rund herumgehenden lappig-knolligen Rinden-Auswuchs von 16 F. Umfang, 3 F. Höhe und 1¼ F. Dicke.

4 *

Aehnliche, kaum weniger kolossale findet man in dem Forstmuseum des Fürstl. Schwarzenberg'schen Jagdschlosses Wlodeck bei Frauenberg *).

Alle diese Anschwellungen und Auswüchse erstrecken sich jedoch gewöhnlich nur auf die Rinde, von denen ich jedoch nicht weiss, ob sie in die Categorie des sogenannten Baumkrebses gehören, welchen De Bary jüngst beschrieb und mit hoher Wahrscheinlichkeit von Pilzen ableitete. Zuweilen schwillt aber auch der ganze Stamm stellenweise gleichmässig an, woron man in der Umgebung des Kubany auf dem Heidberg bei Schattawa in 1700 F. Höhe ein kolossales Exemplar beobachtete. Hr. John hatte die Güte, mir eine Beschreibung und Skizze desselben mitzutheilen, die ich unter Nr. 5 auf Taf. I. beifüge. Es ist eine Fichte von 18 Zoll Durchmesser, die sich einige Fuss ober der Erde zu einer rundlichen linsenförmigen Anschwellung von nicht weniger als 12 F. Durchmesser verdickte, hinter welcher der Stamm sich plötzlich wieder bis zu 16 Zoll Durchmesser verengerte.

«Einen ähnlichen Fall habe ich bei einer Fichte vor Jahren in Schlesien beobachtet (Verhandl. d. schlesischen Forstvereins v. J. 1846), dessen Abbildung ich hier liefere (Taf. L. Fig. 6). Sie war 45 F. hoch und an der Basis 2 F. dick (bei a). In der Höhe von 7 F. bei b. begann eine mit vielen Aesten versehene, ziemlich gleichförmig runde Anschwellung von 10 — 12 F. Umfang und 23 F. Länge. Nach unten erschien sie wie abgestutzt, oben von c. ab verlief sie allmählig in den Gipfel. Im Holz und in der Rinde konnte ich nichts Krankhaftes wahrnehmen, alle Holzlagen waren vollkommen gesund.

In Ermangelung besserer Abbildungen, die wir auch von Hrn. John zu erwarten haben, sei es erlaubt, wenigstens ein Paar Skizzen aus der Umgebung des obengenannten Kapellenbaches auf dem Kubany zu liefern, um einige Anhaltspunkte zu unsern gelieferten Beschreibungen und Schilderungen zu gewähren, die freilich auch noch weit hinter der Natur zurückbleiben. Der

---

*) Ueber den sehr interessanten Inhalt dieses in der Nähe des prachtvollen fürstlichen Palastes Frauenberg gelegenen Jagdschlosses, in welchem man ausser vielerlei merkwürdiger Wachsthumsverhältnisse, eine Sammlung der in dem Böhmerwalde vorkommenden höheren Thiere findet, berichtet Georg Ritter von Frauenfeld in der oben angezeigten Abhandl. Verhandl. der zool.-botan. Gesellsch. in Wien 1866.

Zeichner, mein Reisebegleiter Hr. Muncke bittet, sie ja nur als ganz kunstlose Producte betrachten zu wollen.

Taf. V. Fig. 16. Die hier abgebildeten, mit einem Blick zu übersehenden, aufrecht stehenden Fichten haben fast sämmtlich einen Umfang von 12—20 F. und dann auch eine Höhe von 100—140 F. Die oft vierfach übereinander liegenden Roonen oder Lagerstämme (a, b, c, d) sind im wahren Sinne das Worts mit Tausenden von jungen Fichten von 1—6 F. Höhe bedeckt, während die üppigste Vegetation von Farn (aa. *Polypodium alpestre*, bb. *Tussilago alba*, cc. *Inula maxima*) den Boden dicht bedeckt, ja die untersten Stämme fast einhüllt; e. stellt einen *Pandanem*-artigen Stamm dar, dessen Mutterstamm (f), auf dem er einst keimte, noch vorhanden ist; bei g. sieht man einen der hier, wie schon erwähnt, in so kolossaler Grösse vorkommenden Schwämme, bei h. einen solchen knolligen Auswuchs, der nur der Rinde anzugehören scheint.

Taf. VI. Fig. 17. Eine unfern von dem Standpunkt der vorigen entnommene Ansicht: a. eine geringere Zahl von Lagerstämmen, aber eben so zahlreichem, zum Theil grösseren jungem Auswachs, der sich auch zwischen ihnen hier wie in allen etwas feuchten Orten auf dem Boden in grösster Üeppigkeit mit der obengenannten krautartigen, auf ähnliche Weise wie bei der Fig. 16 mit aa, bb, cc. bezeichneten Vegetation vorfindet.

Natürlich entwickeln sich nur wenige derselben, wie schon erwähnt, zu grösseren Stämmen, die aber der Richtung folgen, welche ihnen durch die geraden Lagerstämme, auf denen sie emporwuchsen, vorgezeichnet ward, daher die überaus frappante Erscheinung des Reihenwachsthums, welches hier auf das Grossartigste hervortritt. Man sieht oft 4—6 in geraden Linien wie gepflanzt stehende und oft nur 10 F. von einander entfernte Riesenstämme, wie bei d und e, die sich mit andern (f) Linien wieder schneiden (d). Auch in der vorigen Ansicht gehören die beiden Stämme im Vordergrunde mit dem Pilze und Auswüchsen auf ähnliche Weise mit dem dritten dahinter stehenden zu einander.

V.

Flora des Böhmerwaldes

an und für sich und Vergleich derselben mit der des Harcynischen
Gebirgssystems.

1. Flora des Böhmerwaldes.

Wenn wir uns einen Ueberblick der Flora eines Landes verschaffen
wollen, erscheint es nothwendig, sich an die charakteristischen Formen derselben und an ihr Vorkommen zu halten, wie sie uns in verschiedenen Boden-
und Höhenverhältnissen entgegentreten.

Die böhmischen Botaniker nehmen für den Böhmerwald, wie schon oben
erwähnt ward, drei verschiedene Regionen an. Die niedrigste, durch
lohnenden Feldbau, Obst- und selbst Hopfenbau ausgezeichnet, reicht von dem
etwa 1000 F. hohen Fusse des Gebirges bis 1800—2000 F., die zweite Zone,
in der die Berge mit Wald bedeckt sind, Getreidebau aber noch erfolgreich
stattfindet, reicht von 2000—3000 F., die Hochgebirgszone bis zum Kamme
von 3000—4500 F. Sie ist ganz mit Wald erfüllt, und selbst die hohen,
über 4000 F. hohen Kämme sind nicht frei davon.

Unser Reiseinteresse bezog sich nur auf die beiden letzten Regionen,
die wir genauer nach der Verbreitung der Hauptbäume des Gebirges, in die
Buchen-, Weisstannen- und in die Fichtenregion eintheilen möchten.
Den Anfang der Buchen- und Tannenregion können wir nicht genau bestimmen,
meinen aber wohl, dass sie gewiss nicht unter 2000 f. zu schätzen ist, die
obere Grenze der Buchen nach Beobachtungen von John und Hochstetter

---

*) Die in diesem Abschnitt aufgeführten phanerogamischen Pflanzen wurden von Herrn
Stabsapotheker Muncke und mir gemeinschaftlich notirt, die Moose dagegen von Herrn Muncke
gesammelt. Zur Mittheilung der specielleren Standorte erklären wir uns gern bereit.

ist für den 4294 F. hohen Kubany, einem der höchsten Berge des Böhmerwaldes, 3645 F., im Baierschen Walde nach Wineberger in nördlicher Ex-
position 3400 F., nach anderweitigen zahlreichen Beobachtungen von Sendtner
etwas höher, 3764 F. Hier und da gebt die Buche auch noch darüber hinaus,
doch selten als Baum, wie z. B. noch auf dem 4110 F. hohen Kamme bei
Markstein ein einzelner etwa noch 20 F. hoher Baum, meistens jedoch nur
als Strauch, wie auf dem Arberrücken weit über den Arberhäusern in 4200 F.
Höhe. Der Bergahorn wird mit der Buche ziemlich gleiches Niveau halten.
Die Weisstanne steigt etwas höher, wohl bis 3800 F. und in die Region
der Fichte hinein. Die Fichte herrscht ausschliesslich von 3500 — 4500 F.
in den verschiedenen oben bereits beschriebenen Formen des Hochstammes bis
zum verkürzten konischen oder pyramidalen Stamme.

Die Grenzen der Culturpflanzen und mit ihnen natürlich der Aecker-
unkräuter reicht hier im Vergleich zu dem freilich viel nördlicher gelegenen
Riesengebirge ausserordentlich hoch.

Um die Arberhäuser, die auf dem den grossen und kleinen Arber ver-
bindenden 3923 F. hohen Sattel kaum 100 F. niedriger liegen, sahen wir am
15. August 1864 noch sehr wohl gedichenen und trotz der sehr ungünstigen
Witterung des Sommers fast reifen Roggen. Sendtner giebt die Höhe des
Roggenbaues nur zu 3622 F., der Gerste zu 2570 F., des Hafers zu 3472 F.,
des Hirses zu 2450 F., des Leines zu 3472 F., der Kartoffeln zu 3600 F.,
des Kohles zu 3260 F. an, ich glaube überall zu niedrig, da auch Hafer, Lein,
Kartoffeln und Kohl mit gleich gutem Erfolg wie der Roggen um die Arberhäuser gebaut werden.

Von anderweitigen Pflanzen in diesen beiden Regionen, welche also der
zweiten und dritten Zone der böhmischen Botaniker entsprechen, fanden wir
folgende und zwar also zunächst in der zweiten Region:

Anemone Hepatica, nemorosa ranunculoides mit den beiden *Dentarien, D. enneaphylla* und *D. bulbifera* besonders in der Buchenregion, *Thalictrum aquilegifolium, Actaea spicata, Ranunculus lanuginosus,* aber auch sehr allgemein *R. nemorosus DC.*, *Caltha palustris* bis in die höchsten Regionen. *Cardamine amara, sylvatica*; *Nuphar luteum* sehr hoch herauf, 2925 F., im grossen Arbersee. *Viola palustris* auf allen Mooren, auch *V. uliginosa,* dann *V. mirabilis,* nicht aber *V. lutea.*

Drosera rotundifolia mit *Parnassia palustris.*

Silene inflata, Cerastium vulgatum, Lychnis diurna bis auf den Arbergipfel, 4521 F., desgl. *Stellaria nemorum, St. graminea, St. Frieseana* am Kubany, auch auf dem Moare bei Schwarzbach. *Linum catharticum.*

Hypericum tetrapterum, H. hirsutum, Geranium palustre, pratense, Impatiens nolitangere, Oxalis Acetosella bis auf den Arber.

Cytisus nigricans, capitatus; *Trifolium repens* bis auf den Arber.

Trifolium spadiceum, Lotus corniculatus, Orobus vernus, niger.

Spiraea Ulmaria insbesondere mit *Sp. salicifolia,* letztere mit rothen Blüthen gilt gewöhnlich als Pflanze Sibiriens, soll aber hier auf den Mooren des oberen Moldauthales bei Kuschwarta und Eleonorenhayn sich in wirklich spontanem Zustande befinden und nach Sendtner auch im Baierschen Walde bis 14 F. Höhe vorkommen; *Sp. Aruncus.*

Fragaria elatior, Fr. vesca, Potentilla Tormentilla, Rubus idaeus, Itosa alpina; *Alchemilla vulgaris, Comarum palustre, Sorbus Aucuparia* bis auf die höchsten Punkte und zwar noch als 20 F. hohen und 1 F. dicken Baum auf dem Dreisesselberg, Arberrücken: kräftig und nicht verkrüppelt.

Epilobium montanum, angustifolium, bis auf den Arbergipfel, *Circaea lutetiana, alpina, intermedia*; *Callitriche verna*; *Montia fontana, Sedum maximum, villosum*; *Ribes alpinum.*

Chrysosplenium alternifolium. (*Chr. oppositifolium* soll auch vorkommen, ward aber von uns nicht gefunden.) *Sanicula europaea, Astrantia major, Pimpinella magna L.* auffallend vorherrschend gegen *P. saxifraga. Levisticum officinale,* fast überall in Bauergärten wie bei uns kultivirt, ebenso doch weniger häufig *Archangelica* und *Imperatoria*; *Angelica sylvestris* auf hochgelegenen Wiesen mit *Heracleum, Chaerophyllum aureum, Ch. hirsutum* und *Ch. sylvestre.*

Hedera Helix haben wir in den Buchenwäldern nicht gesehen, ebensowenig *Viscum album*.

Sambucus racemosa, Lonicera nigra. Galium sylvaticum bis über 4000 F. *Asperula odorata* mit den oben genannten *Oxalis, Anemone nemorosa* sehr verbreitet.

Valeriana officinalis, dioica. Succisa pratensis, Knautia sylvatica.

Eupatorium cannabinum, Homogyne alpina überall bis auf die grössten Höhen, und *Cineraria, crispa; Petasites albus* an Bächen in höherem und *T. Petasites* und *Farfara* in niedrigerem Niveau. *Gnaphalium sylvaticum, Arnica montana, Solidago virga aurea, Achillea Millefolium* bis auf die höchsten Punkte, wenn auch die beiden letzteren ohne eigentlichen Uebergang in die alpestren Formen, wie sie den Alpen und auch schon den Riesengebirgsgipfeln eigen sind.

Artemisa Absinthium nur kultivirt und hier wie wohl überall in Norddeutschland nicht wild, *Senecia nemorensis, Cirsium oleraceum, palustre, heterophyllum* bis auf die höchsten Regionen, *Carlina acaulis* und *Crepis paludosa, Willemetia apargioides* unfern des Gipfels des Dreisesselberges, aber auch auf niedriger gelegenen Wiesen. *Prenanthes purpurea, Leontodon Taraxacum, L. autumnalis, Hieracium Auricula, H. Pilosella, H. vulgatum, H. pratense Koch,* nach Sendtner auf dem Dreisesselberge, Formen mit mehr oder weniger beblättertem Stengel, alle bis auf die höchsten Gipfel (aber keine Spur von *H. alpinum* und diesem verwandten Arten), *Sonchus alpinus* im obern Theil der Buchenregion, doch häufiger in der Fichtenregion von 3000—3500 F.

Phyteuma nigrum, eine sehr interessante Pflanze, die durch ihr geselliges Vorkommen manchmal Wiesenflecke von Weitem völlig schwarz erscheinen lässt. *Campanula rotundifolia, Calluna vulgaris,* alle vier *Vaccinien* bis auf die höchsten Gipfel in ähnlicher Verbreitung wie bei uns, d. h. *Myrtillus* am häufigsten; *V. uliginosum* nur truppweise; *V. Oxycoccos* auf Mooren zugleich mit *Andromeda polifolia; Pyrola uniflora, secunda. Gentiana germanica, Menyanthes trifoliata* auf hochgelegenen Mooren, *Cerinthe minor, Myosotis sylvatica. Digitalis grandiflora,* nicht aber *D. purpurea.*

Veronica montana, nach Sendtner am Arber, von uns nicht gefunden, *V. Chamaedrys* bis auf die höchsten Gipfel, desgl. *V. officinalis, Melampyrum pratense* verbreiteter als *sylvaticum,* geht auch höher hinauf bis auf die höch-

sten Gipfel, während sich dies im Riesengebirge umgekehrt verhält. *Pedicu-
laris sylvatica*, *palustris* bis über 2000 F. *Euphrasia officinalis ß. nemorosa*,
Galeobdolon luteum, *Stachys sylvatica*, *Pinguicula vulgaris* auf Mooren sehr
verbreitet; *Utricularia vulgaris* und *minor* im Moldaumoor bei Schwarzbach,
Lysimachia thyrsiflora, *Lys. nemorum*, *Soldanella montana* überall in schattigen
Wäldern und selbst auf Mooren bis auf die höchsten Punkte, ebenso *Rumex
aquaticus*, *conglomeratus Schrad.*, *Polygonum Bistorta*. *Daphne Mezereum*,
Asarum europaeum.

Mercurialis perennis, *Urtica dioica* bis auf die höchsten Gipfel, wie
anderswo so auch hier wohl durch weidende Thiere verschleppt, *Ulmus campestris*, stattliche Bäume in der Buchenregion. *Quercus pedunculata Ehrh.*
und *sessiliflora Sm.*, *Carpinus Betulus* haben wir im eigentlichen Centrum des
Böhmerwaldes, d. h. im obern Moldauthale nicht gefunden, Weidenarten auch
nur in geringer Zahl.

Salix fragilis, *alba*, *amygdalina*, *purpurea* häufig selbst baumförmig bis
4000 F. Höhe; am verbreitetsten auf Mooren wie durch alle Regionen, selbst
auf dem Gipfel des Arber. *Salix aurita* und *Populus tremula*.

Betula alba mit *B. pubescens*, doch letztere in höherm Niveau, wenn
auch nicht ausschliesslich, auf Mooren, *Alnus glutinosa* weniger häufig, als die
höher steigende *Alnus incana*; *Alnus viridis* haben wir nicht gesehen, dagegen
häufig *Betula nana* auf Hochmooren.

Taxus baccata soll einzeln hie und da in der Buchenregion vorkommen;
Juniperus communis wohl bis auf 4000 F. *Potamogeton natans* mit *Caltha
palustris* am höchsten im kleinen Arbersee, 2848 F.

Orchis latifolia bis 4100 F. im Plöckensteinmoor, wie auch *O. maculata*,
Gymnadenia albida auf dem Rachel, 4403 — 4510 F., *Listera cordata* nicht
selten, auch bis 4100 F. *Neottia Nidus avis*.

Convallaria verticillata, *C. multiflora*, *Majanthemum bifolium* bis auf den
Arber, *Lilium martagon* bis auf den Plöckenstein, *Juncus effusus* bis zu 3784 F.
Höhe am Dreisesselberg, *filiformis* bis auf die höchsten Moore, *Juncus supinus*
bis hoch herauf in den Seen, insbesondere hier die fluthende Varietät wie im
schwarzen oder Desenitzersee.

Luzula pilosa, *albida*, *campestris* bis auf die höchsten Gipfel, dort auch
Luz. sudetica.

Eriphorum alpinum, *vaginatum* 4100 F. mit *E. gracile*, *angustifolium*, *Carex muricata*, *remota*, *paniculata*, *stellulata* und *C. canescens*, *vulgaris*, *limosa*, *glauca*, *ampullacea*, *C. flava* bis auf die höchsten Moore, letzteres auch auf dem Arber.

Anthoxanthum odoratum bis auf die höchsten Gipfel, *Phleum alpinum* auf dem Rachel. *Agrostis rubra* bis auf die höchsten Gipfel des Arber, dort mit *Agr. rupestris* und *Festuca ovina*; *Calamagrostis Halleriana montana*, *Aira cespitosa*, *flexuosa*, *Triodia decumbens* Beauv., *Molinia coerulea Mönch*. *Glyceria fluitans* bis 3500 F. im schwarzen See, *Festuca heterophylla* auf dem Dreisesselberg (Sendtner), *Nardus stricta* bis auf die höchsten Gipfel, dort das gemeinste den festen Rasen bildende Gras. *Equisetum sylvaticum* nicht so häufig wie in Schlesien.

Lycopodium inundatum auf Mooren, *L. clavatum*, *annotinum*; *L. Selago* und *Polypodium vulgare*, *P. Phegopteris*, *P. Dryopteris* bis auf den Arber *P. Thelypteris*, *Aspidium aculeatum* Sm., *Oreopteris* selbst bis 4080 F. am Rachel, *Filix mas* geht über die mittlere Buchengrenze nicht hinaus, dann folgen *Aspidium spinulosum* mit *Asplenum Filix femina* bis ungefähr 3800 — 4000 F., von wo an *Polypodium alpestre Hoppe*, hie und da vermischt mit *Blechnum Spicant* die Farnwelt allein vertritt und hier ebenso wie in andern subalpinen Regionen in ungeheurer Menge vorkommt; *Pteris aquilina*, *Struthiopteris germanica* bei Krummau. *Cystopteris fragilis* 920 —4298 F.

Aus dieser Uebersicht geht hervor, dass sehr viele der genannten Pflanzen ein viel höheres Niveau haben, als in unsern Sudeten, daher bei dem Mangel anderer bei uns sehr häufigen subalpinen Gewächse die Flora der der Ebene oder der der untern Bergregion sehr ähnlich erscheint.

So erinnern uns auf dem höchsten Gipfel des ganzen Gebirgszuges auf dem Arber nur die in den Spalten der trümmerartigen Felsmauern vorkommenden winzigen *Juncus trifidus*, *Poa alpina*, *Agrostis alpina* und nur etwa noch die auf den Trümmern der Gesteine vorkommenden subalpinen Flechten (*Gyrophoren*) an den hohen Standpunkt.

3*

Die zwischen ihnen befindlichen Rasenflächen bieten mit wenigen Ausnahmen nur die gewöhnlichsten Pflanzen dar, wie:

Soldanella montana, Euphrasia nemorosa, Veronica Chamaedrys, officinalis, Fragaria vesca, Ranunculus repens, Hieracium Pilosella, murorum, sylvaticum, Rumex Acetosella, R. Acetosa arifolius, Cerastium triviale, Gnaphalium dioicum, sylvaticum, Vaccinium Myrtillus, Vitis idaea, Homogyne alpina, Trifolium repens, Arnica montana, Prunella vulgaris, Trientalis europaea, Campanula rotundifolia, Juncus trifidus, Melampyrum sylvaticum, Agrostis rupestris, Tormentilla erecta, Poa annua, alpina, Avena flexuosa, Lycopodium Selago, L. alpinum, Calluna vulgaris, Carex leporina, C. flava, muricata, Calamagrostis Halleriana, Tragacum officinale, Apargia autumnalis, hastilis, Nardus stricta, Polypodium alpestre, P. spinulosum, Empetrum nigrum, Viola palustris, Oxalis Acetosella, Alchemilla vulgaris.

Nur die Flechtenflora, wie oben erwähnt, entspricht dem hohen Standpunkt, denn sie enthält folgende subalpine Arten:

Parmelia stygia, encausta, saxatilis, omphalodes, Sphaerophorus coralloides fructif., Sph. fragilis, Biatora dendritica, Gyrophora polyphylla, pustulata, Cetraria cucullata, Cladonia rangiferina β alpestris, Lecanora ventosa, L. haematomma, Lecidea atro-alba, L. confluens, L. geographica, alpicola und viridiatra, Stereocaulon denudatum, am Knieholz und den Fichten Cetraria glauca, Pinastri, sepincola etc.

Kryptogamische Vegetation bildet somit einen bemerkenswerthen Gegensatz zu der phanerogamischen, wie dies auch wohl schon in andern Ordnungen derselben, z. B. bei den Moosen, beobachtet worden ist. So fand Carl Müller auf dem Iuselberg, der keine subalpine Phanerogamenflora besitzt, doch die subalpine Neckera striata.

Viel geringer ist nun die Zahl der Phanerogamen, welche nach unsern wohl noch mancherlei Nachträge bedürfenden Beobachtungen nur das höchste Niveau einnehmen, oder nur in der obern Buchen- und Tannenregion, sowie in der Fichtenregion, also etwa in einer Höhe von 3500—4600 F. vorkommen. Wir fanden folgende:

Ranunculus aconitifolius; Aconitum Napellus, variegatum, bis auf den Arber; *Lycoctonum* auf dem Rachel; *Sagina saxatilis; Epilobium alpinum; Geranium sylvaticum, Meum Mutellina* am Arber und Plöckenstein; *Gnaphalium norvegicum*, Plöckenstein, Dreisesselberg; *Deronicum austriacum*, Kubany, Arber; *Senecio subalpinus* soll am Rachel vorkommen, den wir nicht bestiegen; *Sonchus alpinus* wohl auch niedriger, aber häufiger erst in der Fichtenregion, über 3000 F.

Gentiana pannonica, eine der wenigen Zierden des Gebirges von 3200—4500 F. Seehöhe um die Maderhäuser am Rachel, Lusen, Plöckenstein; *Myosotis sylvatica β alpestris; Rumex Acetosa arifolius; Empetrum nigrum; Streptopus amplexifolius; Gymnadenia albida Rich.* auf dem Rachel; *Allium sibiricum* am Arber; *Juncus trifidus* auf dem Arbergipfel; *Phleum alpinum, Juncus filiformis, Luzula maxima* schon in der oberen Buchenregion, besonders in der eigentlichen Fichtenregion; *Scirpus cespitosus; Carex pauciflora; Poa alpina* auf dem Arber; *Lycopodium alpinum* schon in geringerer Höhe als auf dem Riesengebirge auf der Kokushöhe, 3200 P. *Polypodium alpestre* von 3000—4600 P. *Cystopteris regia* am Lusen.

———————

Schliesslich füge ich noch eine kurze Uebersicht der Moosflora bei deren besondere Beachtung mein Herr Reisebegleiter auf sich genommen hatte. Die Mannigfaltigkeit der Arten erschien uns gering, die Verbreitung einzelner dagegen ganz enorm, wie wir sie in den übrigen deutschen Gebirgen so allgemein niemals gesehen haben, gewiss eine der Hauptursachen der Feuchtigkeit der dortigen Atmosphäre und zugleich des üppigen Wachsthums der Bäume.

So sind namentlich die Wälder bewohnenden Moose nur in wenigen Species vertreten, diese aber in so kolossalen Massen, dass es selbst schwer halten dürfte, moosfreie Stellen aufzufinden. Zu den am meisten verbreiteten gehören vornehmlich: *Brachythecium Starkii* (Brid.), *Dicranum scoparium* L., *Eurrhynchium striatum* (Schrb.), *Hylocomium loreum* (L.), *H. splendens* (Hdg.), *H. triquetrum* (L.), *Hypnum crista castrensis* L., *H. cupressiforme* L. und *H. Schreberi* L.; andere sind zwar weniger verbreitet, aber überall häufig anzu-

, treffen, wie *Brachythecium rivulare* (Br. et Sch.), *Br. rutabulum* (L.), *Br. velutinum* (Dill.), *Bryum argenteum* L. und *caespiticium* L., *Bartramia pomiformis* (L.), *Dicranum undulatum* Br. et Sch., *Hypnum purum* L., *Isothecium myurum* Brd., *Leucodryum glaucum* (L.), *Mnium cuspidatum* Hdw., *punctatum* L., *undulatum* Hdw., *Pogonatum aloides* (Hdw.) und *urnigerum* (L.), *Polytrichum commune* L., *juniperinum* Hdw. und *piliferum* (Schrb.), *Thuidium abietinum* (L.), *delicatulum* (L.) und *tamariscinum* (Hdw.), *Barbula unguiculata* Hdw., *Bartramia Halleriana* Hdw., *B. ithyphylla* Brid., *Brachythecium salebrosum* (Hoffm.), *Bryum capillare* L., *nutans* Schreb., *roseum* Schreb.; *Dicranodontium longirostre* (W. et M.), *Dicranum fuscescens* Turn., *longifolium* Hdw., *majus* Turn., *montanum* Hdw., *palustre* Lap. und *Schraderi* Schwg.; *Diphyscium foliosum* (L.), *Hylocomium umbratum* Ehrh., *Hypnum molluscum* Hdw., *Leptotrichum homomallum* Hdw., *Mnium affine* Bland., *Mn. hornum* L. und *spinulosum* Br. et Sch., *Plagiothecium undulatum* (L.), *Tayloria serrata* Hdw., *tenuis* Br. et Sch. (im Gairuck an der Rachel), *Weisia polymorpha* Sch.

Ebenso zahlreich sind die Moose vertreten, die in der Regel die Rinde älterer Bäume, hier namentlich die greisen Berg-Ahorne, zu bewohnen pflegen und diese oft bis an die jüngsten Aeste mit den dichtesten Moospolstern bedecken. Wiederholt hatten wir Gelegenheit, zu beobachten, dass bei mangelndem Raume oft 2—3 verschiedene Species übereinander vegetirten und sich den nöthigsten Vegetationsraum streitig zu machen suchten. Um die Existenz zu fristen, führten an dergleichen Orten die Lebermoose die erbittertsten Kämpfe gegen ihre Anverwandten, die Laubmoose, die namentlich durch *Neckera complanata* (L.), *Antitrichia curtipendula* (L.), *Isothecium myurum* Brd. und *Hypnum cupressiforme* L., *filiforme* Sch. die Übergewalt am uralten Ahornstamme zu behaupten strebten. Ein solcher lebensmüder, bemooster Stamm ist gleichsam ein Urwald im Urwalde.

Ausser den schon angeführten fanden wir hier noch: *Anomodon attenuatus* Schreb., *longifolius* Sch. und *viticulosus* L., *Grimmia Hartmanni* Sch., *Homalia trichomanoides* (Schreb.), *Homalothecium sericeum* (L.), *Leskea nervosa* (Schwg.), *polycarpa* Ehrh., *Leucodon sciuroides* (L.), *Neckera crispa* (L.) und *pennata* Hdw.; *Orthotrichum affine* Hdw., *anomalum* Hdw., *leiocarpum* Br. et Sch., *speciosum*, *Pterigynandrum filiforme* Nees, *Pylaisia polyantha* Schr. etc.

Die Mehrzahl der genannten Moose bewohnen auch die Tausende von Baumleichen, die, wie schon oben erwähnt, kreuz und quer in den Urwäldern herumliegen, namentlich sind es aber *Tetraphis pellucida* L., *Plagiothecium denticulatum* L. und *silesiacum* (Sel.), *Dicranum fuscescens* Turn., *montanum* Hdw. und *scoparium* L., *Buxbaumia indusiata* Brd., *Hylocomium splendens* Hdwg. u. a., die überall die uralten Riesenstämme dicht bedecken und dadurch wesentlich dazu beitragen, diese ungeheuren Holzmassen zu zerstören, und so den Urwald regeneriren helfen.

Die weit ausgedehnten Moore sind eigentlich nur zusammenhängende Moospolster, vorzüglich aus den verschiedenen Torfmoosen, aus grösseren *Polytrichum*- und *Hypnum*-Arten gebildet; wie *Sphagnum subsecundum* Nees, *squarrosum* Pers., *rigidum* Sch., *fimbriatum* Wils., *cymbifolium* Ehrh., *cuspidatum* Ehrh. und *acutifolium* Ehrh.; *Polytrichum gracile* Menz. und *formosum* Hdw., *Bartramia fontana* L., *Paludella squarrosa* L. (Eisenstein), *Meesia tristicha* Fk (Kuschwarta), *Hypnum uncinatum* Hdw., *ochraceum* Wils., *stramineum* Dicks., *stellatum* Schreb., *sarmentosum* Wahlb. (Eisenstein), *recolvens* Sw., *pellucidum* Wils., *palustre*, *Kneiffi* Br. et Sch., *fluitans* Hdw., *exannulatum* Gümb., *cuspidatum* L., *cordifolium* Hdw. und *aduncum* Hdw.; *Fissidens adiantoides* L. und *bryoides* Hdw.; *Aulacomnium palustre* (L.) und *androgynum* (L.); *Dicranum palustre* Lap., *Schraderi* Schw., *Dicranella cerviculata* Hdw.; in den zahlreichen Bächen hin und wieder *Cinclidotus fontinaloides* Hdw., *Fontinalis squamosa* L., *Hypnum*; überall häufig *Fontinalis antipyretica* L.

Die Moosflora der höheren Berge, als namentlich des kleinen und grossen Arberberges, bot im Allgemeinen wenig Interessantes dar, vielleicht wohl nur, weil unsere Zeit nicht ausreichte, es aufzufinden. Wir sammelten hier: *Andreaea petrophila* Ehrh., *rupestris* L., *Cynodontium polycarpon* (Ehrh.), *Didymodon rubellus* (Roth.), *Encalypta ciliata* Hdw., *rhabdocarpa* Schwg. (mit zahlreichen Früchten); *Grimmia apocarpa* L., *pulvinata* L., *Hedwigia ciliata* Dicks., *Leptotrichum homomallum* Hdw., *Lescuraea striata* (Schwg.), *Orthotrichum rupestre* Schleich., *Pogonatum alpinum* (L.), *Racomitrium canescens* Hdw., *ericoides* Brd., *heterostichum* Hdw., *lanuginosum* Hdw., *microcarpum* Hdw. und *protensum* Al. Br. (Plöckelstein); *Weisia crispula* Hdw. und *fugax* Hdwg.

---

2. Vergleichung der Flora des Böhmerwaldes mit der Flora der übrigen Glieder des Harcynischen Gebirgssystems.

Bei diesem Vergleiche haben wir es nur mit der Gebirgsflora, nicht mit der der Ebene des Landes zu thun, zu denen sie gehört.

Die Flora des Baierischen Waldes zeigt mit der Flora des Böhmerwaldes, besonders im höheren Niveau, sehr grosse Uebereinstimmung, im niedrigeren weicht sie von der nach Böhmen abdachenden Vorgebirgsflora durch einige in Baiern auf Urkalk vorkommende Arten ab, deren nähere Verhältnisse jedoch nicht in den Kreis unserer Beobachtungen gehören.

Das im SW. des Böhmerwaldes sich anschliessende Fichtelgebirge besteht wie der Böhmerwald grösstentheils aus sogenanntem Urgebirge. In durchschnittlicher Erhebung von 2—3000 F. mit Gipfeln von 3170 F. (Ochsenkopf) und 3250 F. (Schneeberg) nimmt es einen Flächenraum von etwa 36 Quadratmeilen ein.

Es fehlen ihm die geringe Zahl der subalpinen Arten des Böhmerwaldes, wie *Aconitum Napellus*, *Cardamine resedaefolia*, *Sagina saxatilis*, *Rosa alpina*, *Meum Mutellina*, *Gnaphalium norvegicum*, *Cineraria crispa*, *Willemetia apargioides*, *Hieracium aurantiacum*, *Soldanella montana*, *Streptopus amplexifolius*, *Phleum alpinum*, *Carex maxima*, *Eriophorum alpinum*, *Scirpus caespitosus*, *Juncus trifidus*, *Agrostis rupestris*, *Poa alpina*, *Calamagrostis Halleriana* und *sylvatica*. Es besitzt dagegen Farn, wie *Asplenium viride* und *Aspidium Lonchitis*, dann *Gentiana verna*, welche letztere in den höheren Regionen des Böhmerwaldes noch nicht beobachtet ward, übrigens aber hier freilich nicht mehr wie im Mährischen Gesenke einen subalpinen Standort einnimmt, sondern auch an vielen Stellen der Bairischen Ebene, wie z. B. um Regensburg vorkommt. Auf dem höchsten Gipfel des Fichtelgebirges, auf dem Schneeberge, aber nur auf diesem, tritt die im Böhmerwalde auch in viel tieferen Regionen fast allgemein verbreitete *Tussilago alpina* auf.

Grössere Aehnlichkeit mit der Flora des Böhmerwaldes zeigt die des Erzgebirges, welches sich etwa über einen Flächenraum von 100 Q.M. ausdehnt. Wir betrachten auch hier nur die höheren Regionen. Der eigentliche Kamm sinkt nicht unter 2000 F. Meereshöhe, beträgt im Mittel etwa 2200 F.; einzelne Kuppen steigen über 3000, der höchste bis 3800 F. Haupthestandtheil ebenfalls Urgebirgsarten, vorherrschend Gneis, dann Glimmerschiefer und Granit. Die Hauptvegetationsform ist auch hier Wald, bestehend aus *Pinus Abies* L. als Hauptwaldbilder; *Picea* L. und *sylvestris*.

Unter den Laubholzbäumen nimmt die Buche den ersten Rang ein, doch häufig auch hier wie im Böhmerwalde gemischt mit *Pinus Picea* L.

Nach Höhenverhältnissen unterscheidet Sachse in seiner sehr interessanten Schrift (zur Pflanzengeographie des Erzgebirges, Dresden 1855) drei Regionen, nämlich die des Vorgebirges von 500—1000, des Mittelgebirges von 1000—2000, des Hochgebirges von 2000—3000 F. Von 104 Pflanzenarten dieser letzteren Region, mit der wir es hier bei unserer vergleichenden Untersuchung nur zu thun haben, gehören ihr 32 ausschliesslich an, von welchen der bei weitem grösste Theil auch im Böhmerwald vorkommt. *Lycopodium alpinum*, *Homogyne alpina*, *Pinus montana uncinata*, *Betula pubescens*, *(carpathica)*, *Empetrum nigrum*, *Gnaphalium norvegicum*, *Cineraria crispa*, *Mulgedium alpinum*, *Poa sudetica*, *Carex leucoglochin*, *Luzula sudetica*, *L. maxima*, *Gymnadenia albida*, *Listera cordata*, *Epilobium alpinum*, *Andromeda polifolia*, *Vaccinium uliginosum*, *Lilium bulbiferum*, *Streptopus amplexifolius*, *Ranunculus aconitifolius*, *Eriophorum vaginatum*, *Aconitum Napellus* und *A. Camarum*. Dem Böhmerwald fehlen zur Zeit *Selaginella spinosa*, *Swertia perennis*, *Scheuchzeria palustris*, *Corallorrhiza*, *Orchis globosa*, *Epilobium trigonum*, die am Ende wohl sämmtlich noch dort gefunden werden können. Dagegen entbehrt das Erzgebirge die wenigen subalpinen Pflanzen des Böhmerwaldes, wie *Agrostis rupestris*, *Poa alpina*, *Soldanella montana*, *Doronicum austriacum*, *Gentiana pannonica*, *Cystopteris regia*, *Senecio subalpinus*, *Phleum alpinum*, theilt aber mit ihm das massenhafte Vorkommen der *Arnica montana*, wie das der *Pinus montana* Mill., auf Mooren der Thäler wie der Höhen sowohl *Pumilio* als *uncinata*.

42   H. R. Göppert.

Der Thüringerwald, durch die Höhen des Franken- und Saalwaldes mit dem Fichtel- und Erzgebirge verbunden, hat eine mittlere Erhebung von 2000—2300 F. Seine höchsten Punkte steigen, wie der Schneekopf bei Gehlberg, der grosse Borberg bei Zelle, bis zu 3049 und 3061 F. auf. Im Allgemeinen zeichnet sich die Flora Thüringens durch eine sehr grosse Mannigfaltigkeit im Verhältniss zu seinem Areal aus, insbesondere offenbar wegen Mannigfaltigkeit der Bodenverhältnisse in den mittleren und unteren Gebirgsstufen*), weniger in den höheren; denn diesen mangeln selbst die geringe Zahl der höheren Bergpflanzen des Erzgebirges, wie *Luzula sudetica*, *Orchis globosa*, *Streptopus amplexifolius*, *Gnaphalium norvegicum*, *Betula nana*, *Homogyne alpina*, *Swertia perennis*, *Epilobium alpinum*, *trigonum*, *Polypodium alpestre*. Es fehlen dagegen dem Erzgebirge, wie allen bis jetzt genannten Gebirgszügen, die hier vorkommenden *Gentiana acaulis*, *lutea*, *Aster alpinus*, *Pleurospermum*, *austriacum*, *Libanotis montana*, *Viola biflora* und *Aconitum Lycoctonum*.

Der Harz, das am weitesten gegen Norden vorgeschobene Gebirge Deutschlands, besitzt trotz seiner geringen Erhebung, die auf dem höchsten Gipfel, dem Brocken, nur 3210 F. beträgt, also an 300 F. gegen die höchsten Punkte des Erzgebirges zurückbleibt, dennoch einzelne wahre subalpine Pflanzen, die allen bis jetzt hier betrachteten Gebirgszügen fehlen, wie *Anemone alpina*, *Hieracium alpinum* und *A. Halleri*. Vom Thüringerwalde wanderten hierher auch wohl *Aster alpinus* und *Hieracium aurantiacum*, die in der Flora

---

*) Die Flora von Jena besitzt auf einem Areal von 9 Q.-M. 1089 wirklich einheimische Arten, ganz Thüringen auf einem Flächenraum von 240—300 Q.-M. nicht weniger als 41 Gefässkryptogamen, 358 Monokotyledonen und 1108 Dikotyledonen. Als charakteristische Pflanzen des Thüringerwaldes werden genannt: *Ranunculus aconitifolius*, *Aconitum variegatum* und *neomontanum*, *Viola biflora*, *Archangelica officinalis*, *Imperatoria Ostruthium*, *Cineraria crispa*, *Sonchus alpinus*, *Lonicera nigra*, *Rumex arifolius*, *Eriophorum alpinum*, *Orchis albida* (Carl Müller, Ausflug auf den Thüringerwald, Bot. Zeit. 1851, Nr. 36, S. 631—38, und Nr. 37, S. 658—661.

des Erzgebirges vermisst werden. Seine Flora steht der thüringischen an Reichthum nicht nach, ja vereinigt gewissermaassen sogar auf kleinster Oberfläche noch einmal die Gesammtflora der geschilderten Gebirgszüge, wie denn auch in geognostischer Hinsicht selten auf so kleinem Raume eine so grosse Mannigfaltigkeit der Formationen angetroffen wird, als eben hier. A. Metzger unterscheidet (Bericht des Naturwissenschaftlichen Vereins des Harzes Nr. 26, April 1851; Bot. Zeit. 1851, S. 850) drei Regionen: des Ackerbaues und der Buche bis 1800 F. Meereshöhe, die Region der Tanne von 1800 bis 3000 F. und die Region der Weide von 3000 bis 3540 F.

Ueber die Flora des Brockens siehe: *Linnaea* 13. Bd., 1839, S. 375.

Wenn wir nun die einzelnen Floren der erwähnten, auch räumlich durch einzelne Zweige in Verbindung stehenden Gebirge mit einander vergleichen, zeigt sich eine so grosse Uebereinstimmung, dass man wohl an ihrer Zusammengehörigkeit und gemeinschaftlichen Ursprung nicht zweifeln darf. Verschieden hiervon erscheint die Flora der Sudeten, respective des Riesengebirges, des Glätzer Schneeberges und des Mährischen Gesenkes oder Altvatergebirges, insofern sie ausser den meisten auf jenen Gebirgen vorkommenden Arten noch eine grosse Menge subalpiner ihnen fehlender umfasst. Ganz besonders zeichnet sich das Riesengebirge aus, welches auch allein nur unter allen genannten höchsten Erhebungen des nördlichen Deutschlands durch seine baumlosen Gebirgskämme mit den sich aus denselben erhebenden, aus Trümmergestein gebildeten, konischen Gipfeln, durch die schroffen, bis 1000 F. tiefen, felsigen Abgründe einen wahren alpinen Charakter besitzt. Der Gebirgszug der Sudeten in seiner eben angeführten, über 60 Meilen langen Ausdehnung, von welchem wir die unserer Meinung nach zu den Vorbergen der Karpathen gehörenden *Barania* und *Babia Gura* trennen, erhebt sich in seiner östlichen Erstreckung auf dem Altvater, dem höchsten Punkte des Mährischen Gesenkes, bis zu 4500 F. (Kammhöhe von 3500—4000 F.), auf dem Glätzerschneeberge zu 4440 F., und auf der Schneekoppe zu 4950 F., dem höchsten Punkte des ganzen Gebirgszuges.

6*

Den Sudeten fehlen von den Pflanzen der oben aufgeführten Gebirge: *Soldanella montana*, *Gentiana pannonica*, *Phyteuma nigrum* und *Willemetia apargioides* des Böhmerwaldes; *Phyteuma nigrum*, *Erica carnea*, *Digitalis purpurea*, *Gentiana obtusifolia*, *Polygala Chamaebuxus*, *Thlaspi alpestre*, *Dianthus Seguierii* des Erzgebirges, und *Gentiana lutea*, *acaulis* des Thüringer Waldes, sowie eine Zahl unter 2000 F. vorkömmender, hier eigentlich nicht in Betracht kommender Pflanzen, wie *Grammitis Ceterach*, *Scolopendrium officinarum*, *Orchis fusca*, *Ophrys muscifera*, *aranifera*, *Arachnites*, *apifera*, *Himantoglossum hircinum*, *Viburnum Lantana*.

Dagegen aber besitzt das Riesengebirge in seiner völlig entwickelten subalpinen Flora fast 100 Arten, welche nicht blos in dem durchschnittlich um 1000 F. niedrigeren Harz, Thüringerwald, Erz- und Fichtelgebirge, sondern auch in dem in seinen höchsten Erhebungen fast gleich hohen Böhmer- und Bairischen Walde vermisst werden, und überdies auch noch zwei hochnordische, selbst in den Alpen nicht vorkommende Arten, wie *Pedicularis sudetica* und *Saxifraga nivalis*. Das Knieholz, *Pinus montana Pumilio*, bildet hier im eigentlichen Riesengebirge eine vortreffliche Vegetationsgrenze, die sich hier überhaupt wie kaum anderswo im harcynischen Gebirgszuge durch Vorkommen verschiedener Baumarten charakterisiren lässt. Nur das in westlicher Richtung sich anschliessende, meist noch zum Riesengebirge gerechnete Isergebirge macht eine Ausnahme, indem hier auf einer Hochmoorwiese in 2600 F. Höhe Knieholz zugleich mit *Juniperus nana arborescens* wächst, während die noch 6—800 F. höheren Thalränder mit hochstämmigen Fichten bekleidet erscheinen.

. . .

Wenn wir nun aber noch die übrigen Gebirge Deutschlands diesseits der Alpen in Betracht ziehen, so bietet uns der Odenwald bei seiner geringen Erhebung keine subalpinen Formen dar, wohl aber der Schwarzwald, welcher an Höhe dem Böhmerwald und dem Riesengebirge fast gleichkommt; denn sein höchster Gipfel, der Feldberg, erhebt sich bis zu 4600 F. Wir finden hier wie bei uns *Rumex alpinus*, *Lycopodium alpinum*, *Cacalia albifrons*, *Epilobium* *origanifolium*, *Potentilla aurea*, *Polypodium alpestre*, *Luzula spadicea*[*]), *Valeriana Tripteris*, uns fehlen *Saxifraga stellaris*, *Silene rupestris*, *Gentiana lutea*, *Leontodon pyrenaeus*, *Dentaria pinnata*, *Alchemilla alpina*, *Soldanella alpina*, welche der Schwarzwald sicher den nahen Alpen verdankt (Herrmann Hoffmann, Skizzen aus dem Schwarzwalde, Bot. Zeit. 11. Jahrg. 1853, Nr. 9 S. 146—153, und Nr. 10 S. 169—180). H. v. Mohl (über die Flora von Württemberg, in den Württemb. naturwissenschaftlichen Jahresheften, J. 1, S. 69—109, Stuttgart 1845, S. 8) meint, dass der Schwarzwald nicht zu den selbstständigen Vegetationscentren der deutschen Flora zu zählen sei, weil dessen Phanerogamen sämmtlich von den Alpen, Vogesen, dem Jura und den rheinischen Gebirgen eingewandert seien. Vom Riesengebirge kann man mit Bestimmtheit behaupten, dass es hinsichtlich seiner Flora nicht zu dem Harcynischen Gebirgssystem gehört, sondern ganz entschieden zu den Karpathen in näherer Beziehung steht und von ihnen wohl einen grossen Theil der alpinen Bürger seiner Flora empfangen hat, welche seinen höchsten Schmuck ausmachen. Daher die Fülle und Mannigfaltigkeit der nördlichen Böhmisch-Schlesischen Flora, gegen welche die des südlichen Böhmens, des Böhmerwaldes so sehr zurücktritt, auf welche merkwürdig genug die doch nicht allzuweit entfernte Centralalpenkette fast ohne Einfluss geblieben ist. Vielleicht verdankt sie ihnen nur die *Gentiana pannonica.*

Eine weitere Untersuchung dieser für die gesammte deutsche Flora wichtigen Verhältnisse liegt nicht in meiner Absicht, gehört auch nicht hierher. Einer meiner Schüler hat auf meine Veranlassung dies Thema ausführlicher und, wie ich meine, gut bearbeitet, Herr Dr. Gerndke in seiner Inaugural-Dissertation: *Plantae florae germanicae, inprimis rudsticae, secundum fines verticales et horizontales in classes et ordines digestae. Vratisl. 1866. 84 p.*

---

[*] *Luzula spadicea* findet sich nicht im eigentlichen Riesengebirge, sondern im Teschenschen Gebirge, ebensowenig *Valeriana Tripteris*, die nur im Mährischen Gesenke vorkommt.

VI.

Ueber die Ursachen der Erhaltung der Urwälder des Böhmerwaldes.

Wenn wir nun nach den Ursachen forschen, welche die Erhaltung dieser wunderbaren Waldfülle bis in unsere Zeit bewirkten, so haben wir hier wohl zunächst ausser der Art des Besitzes in wenigen von jeher sehr reichen, nie von Noth bedrängten Familien, vor Allem ihre abgeschiedene Lage in einer bis in die neuere Zeit fast aller Verkehrsmittel entblösten Gegend in Betracht zu ziehen. Denn erst etwa seit Anfang dieses Jahrhunderts hat man begonnen, durch Anlegung von wegsamen Strassen und nach der Donau (1793) und nach der Moldau (1841) führenden Kanälen ausgedehnteren Absatz zu ermöglichen. Jedoch in Folge der Natur dieser Kanäle erstreckt sich die Ausfuhr, soviel wir wissen, nicht auf Bauholz, sondern nur auf Brennholz, wovon jährlich an 20—30,000 Klaftern nach Wien und etwa die doppelte Quantität nach Prag hin gefördert werden. Schmerzlich berührt es fast zu hören, dass die schönen himmelhohen Buchen vorzugsweise nur zur Anfertigung von Holzschuhen dienen. Die Armuth an Eisenerzen verhinderte die Entwickelung der so viel Holz erfordernden Eisenindustrie, und nur die Glasbereitung trat schon früh als Consumentin auf, durch welche auch wohl zuerst die Cultur dieses öden Waldgebirges angebahnt wurde. Die bedeutendste Fabrik ist die von Eleonorenhain bei Kuschwarta. Holzwaarenindustrie ist zwar wohl vorhanden, doch nicht in dem Grade, als man wohl erwarten dürfte, doch wie es scheint in raschem Aufblühen begriffen, insbesondere die Herstellung von Resonanzböden für musikalische Instrumente aller Art, vorzugsweise Claviere*). Die grösste Fabrik

---

*) Fichten mit möglichst feinen und dabei engen Jahrreringen, wie sie in der Höhe von 3500—4000 F. das Fürstl. Stubenbacher Forstrevier liefert, eignen sich vorzugsweise hierzu. Vor mir liegt ein Querschnitt von 20 Zoll Durchmesser mit 470 Jahrreringen

dieser Art ist die des ersten Begründers dieses Industriezweiges, Bienert in den Maderhäusern, andere befinden sich noch zu Tusset und Kuschwarta u. a. Wenn Eisenbahnen einst bis in das Centrum dieser waldigen Thäler reichen und die Verwendung der herrlichen Stämme als Bauholz mehr befördern werden, erscheinen die Jahre ihrer Erhaltung allerdings wohl auch gezählt. Man wird dann wohl nicht mehr wie bisher alle Abfälle der Vegetation incl. der Stöcke, die zahllosen übereinander gehäuften Stämme dem wiedererzeugenden Naturprozesse Preis geben, sondern auch benutzen oder die Wälder aufräumen, wie die Forstmänner zu sagen pflegen.

Welche enormen Quantitäten von Holz hier allerdings noch auf diese Weise unverwendet lagern, deutet eine Mittheilung des Herrn Oberförster Schönauer in Stubenbach an, zufolge deren er in den letzten 15 Jahren in seinem Reviere nicht weniger als 150,000 Klaftern aus den zu Boden liegenden Hölzern gewonnen habe. Aus diesem einzigen Factum kann man sich eine Vorstellung von der grossartigen, aber auch zugleich wilden Natur dieser Waldungen machen, dass sie selbst dort trotz dieser sogenannten Aufräumung an ihrem urwaldlichen Charakter nur wenig verloren haben.

Eine noch verhängnissvollere Wirkung würde bei weiterem Fortschreiten der Cultivirung der Thäler die dabei wohl unvermeidliche Trockenlegung der Moore ausüben, insofern ihre wässerige Ausdünstung und die dadurch veranlasste Feuchtigkeit der Atmosphäre unstreitig als einer der bedeutendsten die Vegetation fördernden Factoren anzusehen ist, der freilich hier auch noch durch die enorme Verbreitung und Ausdehnung der Moose auf allen vor-

---

(die ersten 100 Jahre von innen nach aussen 8 Z. 10 L., die zweiten 2 Z. 2 L., die dritten von 1 Z. 9 L., die vierten nur 1 Z. 6 L. und die letzten 70 gar nur 9 L. breit). Weniger feine Hölzer dienen zu Claviaturhölzern, Sieben; Abfälle zu Zündhölzern, die in klafterlangen Stäben geschnitten werden. Man verwendet hierzu überhaupt nicht etwa nur frische, sondern sucht auch Lagerholzstämme auf, sogenannte Hohnen, welche, wenn auch äusserlich mit Moos und mehr als 100jährigen Stämmen bewachsen, im Kern oft noch gesund sind und dann die schönsten Resonanzböden liefern. Von dem gedrängten Wachsthum der Jahresringe haben wir überhaupt wohl die Festigkeit und Zähigkeit der Nadelhölzer herzuleiten, wie z. B. die des so berühmten norwegischen Schiffsbauholzes, welches aber nicht von der Fichte, sondern von der Kiefer stammt. Ein Stammeschnitt meiner Sammlung von Alten in Norwegen (70° n. Br.) ein Querschnitt von 2 F. 6 Z. zeigt nicht weniger als 570 Jahresringe.

handenen Grundlagen, Sumpf, Waldboden, Fels und Baum wesentlich vermehrt und erhalten wird.

Noch ist die jährliche Regenmenge hier im Centrum des Böhmerwaldes, in Stubenbach, fast fünf- bis sechsmal grösser als in Prag. Nach den in der oben citirten Beschreibung des Böhmerwaldes von Wenzig und Krjči p. 106 enthaltenen Angaben beträgt die jährliche Regenmenge in Budweis bei 1228 F. Seehöhe 21,6 Zoll, bei Krummau (1626 F.) 25, in Hohenfurt an der Moldau (1744 F.) 27,4, in Schüttenhofen (1387 F.) schon in der Nähe der Urwälder und Urmoore 30,2, in Rohberg (2602 F.) 62,5, in Stubenbach endlich gar 81,11, ein Niederschlag, der diese Gegenden zu den feuchtesten Europas stempelt und seine Erklärung nur in der mit grossartigem Wald und Moor erfüllten Umgebung findet. Nach dem Innern des Landes nimmt die Regenmenge ab und beträgt bei Prag nur 14—15 Zoll.

Jene grosse Regenmenge ist in ihren Wirkungen um so nachhaltiger, als das ganze Gebirge aus nicht durchlassenden Gesteinen besteht und somit überall auf flach- oder tiefgrundigem Boden sich Anhäufungen von Wasser bilden, welche nicht blos Veranlassung zu Mooren geben, sondern auch vorzugsweise zersetzend auslaugend auf das Gestein wirken. Man findet nicht blos unter Flechten und Moosen auf frei hervorragenden Felsen, sondern auch unter der gewöhnlichen Vegetationsschicht Granit, Gneis, Glimmerschiefer oft bis zu Fusstiefe in Grus zerfallen, ganz besonders unter Torfmooren, welche unmittelbar auf jenen Gesteinen ruhen. Die Felsoberfläche befindet sich gewissermassen in einem beständigen Wasserbade, welches durch seinen von den Pflanzenwurzeln herrührenden Kohlensäuregehalt auf die Kiesel- und Kali-Bestandtheile jener Gesteine zersetzend einwirkt, sie auflöst und der Vegetation fortwährend zuführt. Ich habe über den Einfluss der Pflanzen auf felsiger Grundlage, namentlich über die Einwirkung der Flechten und Moose in J. 1858 (Flora oder allgemeine botanische Zeit. Regensburg N. R. 18. Jahrg. 1860 p. 161) viele Beobachtungen veröffentlicht, doch besitzen wir hierüber seit der Zeit zwei Werke von Ferdinand Senft (die Humus-, Morsch-, Torf- und Limonitbildungen, Leipzig 1862, p. 35, und der Steinschutt und Erdboden nach Bildung, Bestand, Eigenschaft und Veränderungen und Verhalten zum Pflanzenleben, Berlin 1867), in welchen dieser wichtige Gegenstand von allgemeineren Gesichtspunkten so klar und erschöpfend vorgetragen worden ist, dass ich wohl nicht nöthig habe, hier noch langer dabei zu verweilen. Die lebende wie die todte Pflanze sind bei Bildung des Humus gleich thätig, theils auf chemischem, theils auf mechanischem Wege, die lebende mechanisch durch Befestigung, chemisch durch die ausgeschiedenen Gase und Flüssigkeiten als Gehülfin der atmosphärischen Zersetzung, die todte durch ihre Fäulniss- und Verwesungs-Produkte, welche wir als Humussubstanzen kennen und im Verein mit den mineralischen Verwitterungs-Produkten die Dammerde bilden.

Bei der Gleichheit der geognostischen Unterlage und grossen Verwandtschaft der Flora des Böhmerwaldes mit unseren deutschen Mittelgebirgen (ich fasse hier zunächst nur diese in's Auge) unterliegt es keinem Zweifel, dass in früheren Jahrhunderten, vielleicht noch im vergangenen, hier ähnliche kolossale Waldkomplexe vorhanden waren. Sie fielen dem früher herrschenden meist ordnungslosen Forstbetriebe zum Opfer und werden nun bei gänzlich veränderter Löslichkeitsdisposition des Untergrundes, ebenso wegen Mangel entsprechender Feuchtigkeit und Humus, also in ihrem natürlichen Wechselverhältniss von Nahrung und Consumtion gestört, selbst bei gehöriger Schonung so leicht niemals mehr zu der früheren Fülle und Ueppigkeit gelangen.' Hie und da finden wir noch einen Zeugen der längst vergangenen Waldherrlichkeit, aber nur vereinzelt, einen, zwei oder drei Stämme auf Hunderte von Quadratmeilen, wie in Schlesien allein noch etwa in der Grafschaft Glatz (Dr. J. T. C. Ratzeburg, Forstnaturwissenschaftliche Reisen durch verschiedene Gegenden Deutschlands. Berlin 1842, S. 287), im Eulengebirge (v. Thielau), im Erzgebirge, im Thüringerwald am Wurzelberge (H. Schacht, der Baum, 2. Aufl. Berlin 1860, S. 342) und einigen andern Orten, und wenn auch sogar selbst von gleicher Stärke und Höhe, doch nicht mehr in Begleitung der anderen den Nadelholz-Urwald charakterisirenden Lagerstämme, welche man längst beseitigt hat. Weiter im Süden Deutschlands, in den Alpen sind an einzelnen wenig zugänglichen Orten dergleichen, meistens nur noch in geringer Ausdehnung, wohl noch vorhanden.

Nur Süd-Tyrol (Poneveggio), Ober- und Unter-Kärnthen, Süd-Steiermark, Slavonien und Croatien, wie die Bukowina und Galizien bergen laut den bei Gelegenheit der letzten Pariser Weltausstellung von der Kaiserlich Oesterreichischen Forstverwaltung gemachten Mittheilungen noch unermessliche, ganz und gar in diese Kategorie gehörende Waldschätze, welche in Croatien und

Slavonien die mächtigen Bestände der Böhmischen Urwälder wegen Hinzutritt der Eichen an Mannigfaltigkeit übertreffen.

Eichen der das Flachland dieser Königreiche bedeckenden Wälder von 120 F. Länge, 4 Schuh Bruststärke und 3—600 K.-F. Holzmasse seien die gewöhnlichen Dimensionen der haubaren Stämme, Buchen von nicht geringerer Höhe und oft noch bedeutenderem Masseninhalt, von 500 sogar bis 1000 K.-F., Weisstannen von 180 bis 223 F. Länge seien im Urwalde ebenfalls keine Seltenheit, Fichten blieben dagegen etwas zurück. Die von der K. K. Staatsforstverwaltung im vorigen Jahre in Paris veranlasste Ausstellung lieferte hierzu den Beweis, da man es überhaupt auch wohl verstanden hatte, diese vielerlei Produkte zu einem ebenso imponirenden wie auch zugleich malerischen Gesammtbilde zu vereinigen.

In Mittel-Europa würden schon längst die Wälder zum Brennbedarf nicht mehr ausreichen, wenn nicht die fossilen Brennmaterialien hülfreich einträten, wie sich unter Andern aus einer sehr interessanten, nur für Preussen in seinem Umfange vor 1866 ausgeführten Vergleichung der Holzproduktion mit der von Stein- und Braunkohlen ergiebt (v. Dechen in Engel's Zeitschrift des K. preuss. statistischen Büreaus, October, November und December 1867, S. 258 u. f.). Die gesammten Waldungen im damaligen Umfange des Preussischen Staates mit 1242,79 Q.-M. liefern jährlich ein Brennholzquantum, dessen Heizeffekt noch nicht ganz ein Sechstheil desjenigen erreicht, welches die Jahresproduktion der Stein- und Braunkohlen des Jahres 1865 entwickelt. Die gedachte Waldfläche producirt aber überdies auch noch 64 Millionen Kubikfuss Nutzholz, welche nahe 174 Q.-M. in Anspruch nehmen, so dass also nur 1068,8 Q.-M. für die Erzeugung von Brennholz übrig bleiben. Ein sechsmal grösserer Raum, also eine Waldfläche von etwa 6819 Q.-M., die die Gesammtfläche des damaligen Preussischen Staates um 1846 Q.-M. übersteigt, würde also erforderlich sein, um eine Holzproduktion jährlich zu liefern, deren Heizkraft derjenigen der Jahresproduktion von 1865 an fossilem Brennmaterial gleich ist.

In Frankreich übersteigt der Verbrauch die heimische Produktion um 8 Millionen Kubikmeter Werk- und um 15 Mill. Kubikmeter Brennholz, welcher Ausfall hauptsächlich aus Norwegen, Oesterreich, Russland, Deutschland und Italien gedeckt wird. Die Holzeinfuhr, 1855 mindestens auf 70 Mill. Franken angeschlagen, war 1865 bis auf 150 Mill. gestiegen.

Schweden führte 1865 etwa 71½ Mill. Kubikf., Norwegen 1,860,000 Tonnen Holz aus, meistens von Fichten und Kiefern. Russlands Holzexport ist nach Verhältniss des ungeheuern Waldareals gewiss auch sehr bedeutend, doch schwer zu schätzen.

In anderen Erdtheilen fehlt es freilich nicht in der nördlichen Zone an ganz ungeheuer grossen Waldstrecken. Von Nordamerika besitzen wir sogar statistische Angaben über das Areal, welches die einzelnen die dortigen Wälder bildenden Bäume, meistens Coniferen, einnehmen, aber keine genaueren Schilderungen ihrer Wachsthumsverhältnisse, die höchst wahrscheinlich mit denen unserer Urwälder übereinstimmen. Nur aus Kalifornien liegen mir einzelne Angaben vor. Einer der Riesen des Mammuthhains von 3— 400 pr. Fuss Höhe (*Wellingtonia gigantea*) wachse auf einem anderen, nicht minder mächtigen, aber tief in die Erde versunkenen Stamme.

Ganz Brittisch - Nordamerika umfasst 242,482 Englische Quadratmeilen, wovon 151,911 auf Wälder gerechnet werden; 27,000 sollen ungefähr *Pinus Strobus*, 5000 *P. resinosa*, 21,000 *P. alba et nigra*, 87,761 *Larix americana*, 9600 Birken und 8556 Eichen einnehmen, doch seien schon 20,000 Q.-Meilen seit etwa 60 Jahren des marktfähigen Holzes beraubt worden. Der jetzige Holzexport allein von Canada betrage an 3 Millionen Kubikmeter, von denen ungefähr die Hälfte nach Europa und zwar ganz nach England gehe.

Zur längeren Erhaltung der Wälder in allen Zonen der Erde trägt jedenfalls ausser der sich immer mehr ausdehnenden Benutzung der fossilen Brennmaterialien wesentlich der gewaltige Umschwung im Schiffsbau bei, insofern das Eisen immer mehr dazu statt des Holzes verwendet wird. Wenn es hierzu wohl nicht erst eines Beweises bedarf, will ich doch noch anführen, dass man nur zur Herstellung eines Linienschiffes von 72 Kanonen 40,000 Centner Holz bedarf, zu deren Erzeugung 40 Morgen Wald erforderlich sind, wenn man 50 hundertjährige Eichen auf einen Morgen Wald rechnet.

Ungeachtet nun Böhmens Urwälder im Herzen Deutschlands liegen, ist es zu verwundern, dass sie im Allgemeinen so wenig besucht werden, am wenigsten von den Hütern und Bewahrern unserer Forsten. Sie sollten es sich doch zur Aufgabe stellen, den dort das Wachsthum und Gedeihen der Wälder so ausserordentlich befördernden ursächlichen Momenten nachzuspüren, und die hieraus gewonnenen Resultate zum Besten ihrer eignen Culturen zu verwenden. Auf die Gefahr hin, deswegen als Laie arg gescholten zu werden, will ich nur bemerken, dass es ihnen, wie freilich so oft geschehen, unter andern dann nicht mehr einfallen würde, an der Entwässerung der Moore, insbesondere der Hochmoore zu arbeiten, welche nicht blos als die Wassersammler, ähnlich wie die Gletscher in den Alpen, sondern als die wahren Regulatoren der Bergwasserläufe zu betrachten sind; oder ferner die Höhen unvorsichtig zu entwalden, sowie an den Knieholzbeständen der höheren Gebirge zu rütteln oder andere, wenn auch dürftig aussehende, aber von unten bis oben mit ganzen Kolonien von Wasser anziehenden und bewahrenden Moosen und Flechten bedeckte Sträucher und Bäume zu beseitigen, deren Nutzen im Haushalt der Natur nicht hoch genug anzuschlagen ist.

Wer endlich nach so gewonnener Einsicht ferner den so oft ganz glatten, tennenartig abgekehrten und aller Abfälle und Reste der Vegetation baren Boden so vieler Wälder, insbesondere Kiefernwälder der Ebene betrachtet, bei deren Bewirthschaftung auch oft noch die fast bodenlose Theorie der Forstunkräuter eine Rolle spielt, nach welcher bald dieses bald jenes Pflänzchen dem jungen Nadelholze den Erstickungstod bereiten soll, muss bedauern, dass man sich so wenig bemüht, die nach Verhältniss oft wahrhaft grossartige Ausdehnung der zartesten Waldpflänzchen zu untersuchen. Abgesehen davon, dass sie zur Vermehrung des Humus wesentlich beitragen, schaffen sie mit ihren so überaus zarten Endigungen die mit den anorganischen Stoffen beladene Flüssigkeit herbei, welche allein nur vermag dem dürrsten Boden noch Wachsthumsfähigkeit zu verleihen; wodurch ich unbemerkt zu dem freilich nichts weniger als neuen Vorschlag gelange, öfter als wohl schon geschieht, durch Berieselungs- oder Bewässerungsanlagen der stockenden Holzproduktion zu Hilfe zu kommen.

Doch wir schliessen mit Aufführung solcher auch eigentlich nicht in den Bereich meiner Beurtheilung liegenden Vorschläge, die ja in der neuesten

Zeit immer mehr Berücksichtigung gefunden, und zu besserer Bewirthschaftung der Forsten Veranlassung gegeben haben.

Mir lag nur daran, auf eines der grossartigsten naturhistorischen, bis jetzt nichtsdestoweniger als ausser Böhmen nur wenig berücksichtigten wahren Phänomens der Pflanzenwelt die allgemeine Aufmerksamkeit zu lenken. Nur auf solchem primitiven Boden, der uns zeigt, wie einst diese Wälder beschaffen waren und erkennen lässt, wie sich die Waldvegetation im Laufe von Jahrtausenden gestaltete, kann die freilich bis jetzt kaum noch gegründete Forstchemie die alleinige Basis einer rationellen Forstbewirthschaftung, wer wollte es leugnen, entscheidende Erfahrungen über Nahrung und Produktion sammeln und so vielen kostspieligen physiologischen Einsichten widersprechenden Versuchen entgegentreten, welche oft nicht den geträumten Nutzen, sondern nur Verluste zur Folge haben. Dem bei allen solchen Untersuchungen ebenso betheiligten Botaniker bietet sich dort ein unerschöpfliches Material für morphologische und physiologische Studien dar, und der Oekonom kann sich wie so leicht nirgends überzeugen, was ein seinen natürlichen Hülfsquellen überlassener Boden zu leisten vermag.

VII.

Erläuterung der Lithographien.

Tab. I.

Fig. 1. Ansicht einer Urwaldpartie vom Moldauthal aus bei Schattawa; a. Buchen, b. und c. Weiss- und Rothtannen oder Fichten, d. die obere oder Fichtenregion, e. thurmartig hervorragende Weisstannen.

Fig. 2. Eigenthümliches Wachsthum der Fichten auf der Höhe des Riesengebirges, au dem Kamme 4200 F. Seehöhe; a. Hauptstamm, b. die kleineren Stämme, und c. die Uebergangsstellen, wo die wurzelnden Aeste sich zu Stämmen erheben.

Fig. 3. Eine an der Basis 1½—2 F. dicke Fichte mit a. einem Aste, der sich zu einer Hauptachse ausgebildet hatte.

Fig. 4. Ein liegender 32 F. langer Fichtenstamm auf dem Höhmsberge im Euleugebirge in Schlesien, 34 F. lang. Stamm a. 4 Zoll dick und 25 F. hoch, b. 6 Z. dick und 37 F. hoch, c. 6 Z. dick und 35 F. hoch, d. 3 Z. stark und 18 Z. hoch, e. 3½ Z. stark und 10 Z. hoch.

Fig. 5. Skizzen eines Fichtenstammes vom Heidberge im Böhmerwald in 2700 F. Seehöhe, der wenige Fuss über der Erde in eine Anschwellung von 12 F. Durchmesser überging.

Fig. 6. Fichte, unten bei a. 2 F. dick; b. Anschwellung von 10—12 F. Umfang, bis c. 23 F. hoch.

Tab. II.

Fig. 7. Abbildung a. einer 1½ F. dicken, 35—40 F. hohen Fichte, die auf einem bereits verrotteten, aber noch in seinen Resten vorhandenen Stocke steht;

a. der alte Stock, b. die 6—8 F. über dem Boden erhabenen wurzelartigen
Stützen des Stammes.

Fig. 8. Ein noch höheres mit 11 F. hohem wurzelartigem Stamm, unterhalb 5—6 F.
Durchmesser, im Forstrevier Nesselgrund. Grafschaft Glatz (Verhandl. d.
schles. Forstvereins 1860).

Fig. 9. Ein Exemplar mit einem innern hohlen Raum von 5 F. Durchmesser, welches
also auf einem ganz kolossalen Stocke gekeimt haben muss (sogenannte
Häuselfichte. Ebendaselbst)

Tab. III.

Fig. 10. Fichten (a. b. c. d.) auf dem theilweise verrotteten, mit Moosrasen bedeckten
Stocke gekeimt und später unter einander verwachsen, eine (d) im Absterben
begriffen, e. und f. später auf ähnliche Weise entwickelte Fichten; g. h.
und i. Ebereschen (Formberger Urwald bei Landeck in der Grafschaft Glatz).

Tab. IV.

Fig. 11. Zwei mit einander verwachsene, auf zwei verschiedenen hier nicht mehr vorhandenen (bereits verrotteten) Mutterstöcken entwickelte Fichten von 5 und
10 F. Umfang (Formberger Urwald).

Fig. 12. Umgestürzter Fichtenstock von 6 F. Durchmesser, auf dem mehrere 30—40 F.
hohe Fichten erwachsen sind (am Purschsteige über der Teufelsfahrt am
Glatzer Schneeberge).

Fig. 13. Stamm von 12 F. Umfang aus dem Urwald des Kubnoy, a. die Hauptwurzel,
die seitlich dem Wurzelstock des Urstammes sich entwickelt, b. die Neben-
wurzeln, die in demselben sich vertieften. Der Wurzelstock selbst ist bereits
verschwunden, dessen Grösse der Spannungsweite der Wurzeln entspricht.

Fig. 14 Eine Fichte von 3 F. Durchmesser aus dem Reinerzer Forstdistrict 154 der
Grafschaft Glatz. Der untere Theil des in einer kleinen Vertiefung stehenden
Stammes; a. auf die bei Fig. 13 angegebene Weise gewachsen, bei b. noch
zwei wagerecht abgehende, etwa 9 F. lange, sich in den Rand der Vertiefung
hinziehende Wurzeln.

Fig. 15. Fichten aus dem District Nr. 131 des Reinerzer Reviers; a. der 2 F. dicke
Stamm, b. die Seite, nach der sich die Wurzeln wegen eines bei e. liegenden
zur Zeit der Zeichnung schon fast verrotteten und eben hier deswegen nicht
ausgeführten Stammes nicht auszubreiten vermochten, und theils über ihn
hinwegbliesen, oder theils sich in ihm vertieften, wodurch jenes eigenthümliche
in der Natur 3 F. hohe, sattelförmige Gebilde entstand.

Tab. V.

Fig. 16. Ansicht aus dem Kubany-Urwalde am Capellenbach mit Stämmen von 12—20 F. Umfang und zahlreichen vierfach übereinander geworfenen Lagerstämmen, bedeckt mit Tausenden von jungen Fichten von 1—6 F. Höhe, umgeben von krautartigen Pflanzen, unter andern a. *Tussilago alba*, b. *Polypodium alpestre*, c. *Luzula maxima*, d. einem Pandanenartigen, wie auf Stelzen stehenden Fichtenstamm mit noch vorhandenem Mutterstamm, e. Stamm mit Schwamm *Polyporus abietinus Fries.*, f. mit einem Auswuchse oder vom Stamm ausgehenden Anschwellung.

Tab. VI.

Fig. 17. Eine unfern von der vorigen entnommene Ansicht mit ebenso grossen Stämmen, mit nicht geringerer Zahl von Lagerstämmen, gleichfalls mit jungen Fichten verschiedener Grösse bedeckt: a. b. c. dieselbe Bedeutung, d. e. fast parallele Reihen grosser Stämme, f. eine Reihe, welche mit den vorigen in spitzen Winkeln sich kreuzt.

Tab. VII.

Fig. 18. a. Sehr alter Lagerstamm, bemoost, halb verrottet von 52 F. Länge und etwa 10 F. Umfang, mit 3 darauf wachsenden dicken Stämmen, b. ein darauf. d. b. auf a. liegender Stamm von 8 F. Umfang und 62 F. Länge; bei e. die Stelle, wo der Wurzelstock sich befand, daher die Erhöhung; e. der dritte, auf a. und b. gefallene, noch ziemlich gut erhaltene Stamm (aus dem Urwalde des Frommberges bei Landeck).

Fig. 19. Aeltere auf einem Lagerstamm von 40 F. Länge befindliche, mit ihren Wurzeln unter einander verwachsene Stämme, deren stärkster von 5 F. Umfang (auch aus dem Urwald des Frommberges).

Tab. VIII.

Fig. 20. Eine 6 F. dicke Fichte, an der Basis tief gefurcht, mit fast flügelähnlichen, 6—10 F. hohen, brettartigen, die Furchen begrenzenden Seitenwänden, die ausserlich abgeplattet sind (aus dem Urwald des Kubany). Aehnlich den von v. Kittlitz abgebildeten Stämmen der Sonneratien von Luzon.

Fig. 21. Ein Lagerstamm von 72 F. Länge, fast ganz verrottet, dicht besetzt mit ½—3 F. dicken, nebeneinanderstehenden, durch ihre Wurzel fast sämmtlich vereinigten hohen Stämmen; bei a. mit schwächeren absterbenden, von den andern erdrückten Stämmen (aus dem Urwald des Frommberges). Dergleichen giebt es viele Tausende in Böhmens Urwäldern.

Tab. IX.

Fig. 22. Drei Stämme übereinander; a. der unterste fast verrottet, b. halb verrottet, beide insbesondere nur durch die Mooshülle zusammengehalten, c. der lebende etwa 200jährige Stamm; die beiden verrotteten etwa 3—400jährig (aus dem Urwalde des Frommberges).

Fig. 23. Abbildung der Schlangenfichte von 16 F. Höhe auf dem Pass zwischen Winterberg und Kuschwarta in 3058 F. Seehöhe.

.

Fig. 1

Fig. 2

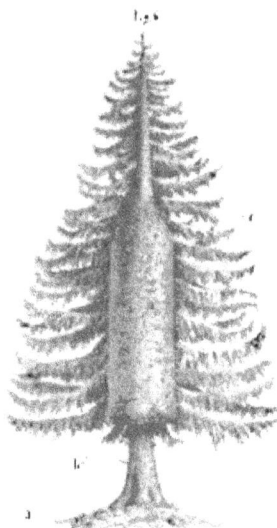

Fig. 4

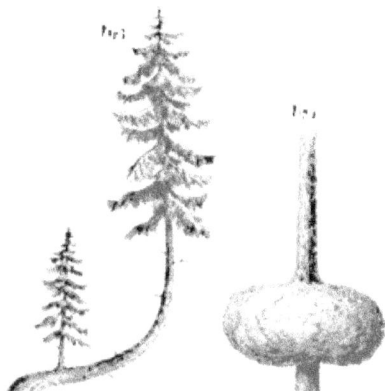

Fig. 3

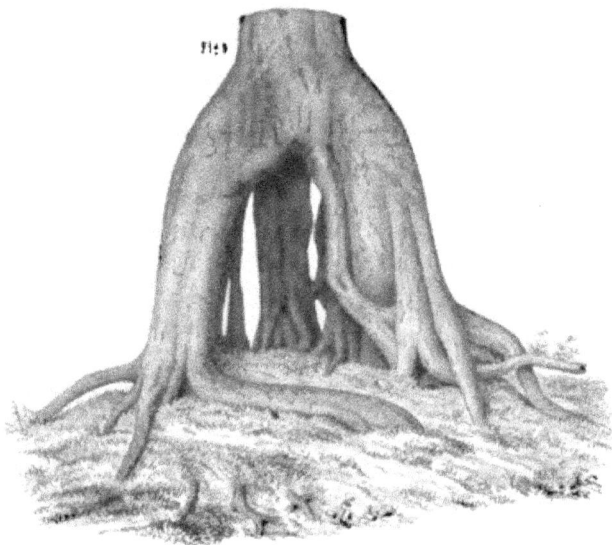

Vol.XXXIV. Goepperts böhmischer Urwald.

Fig 9

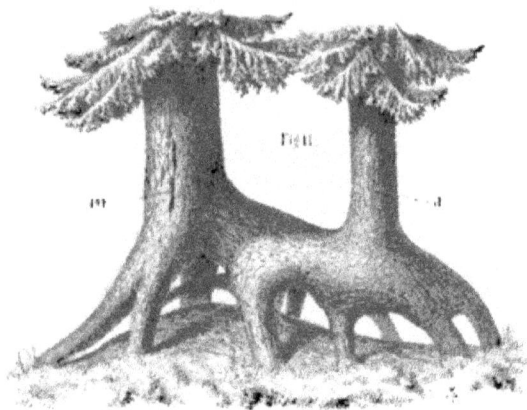

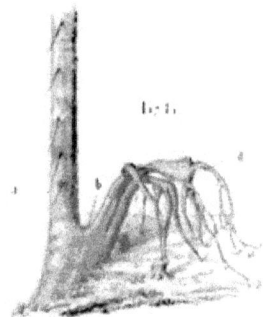

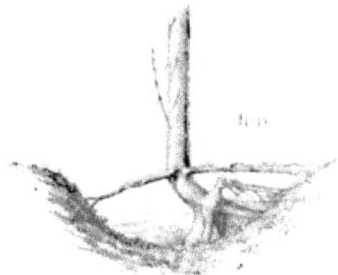

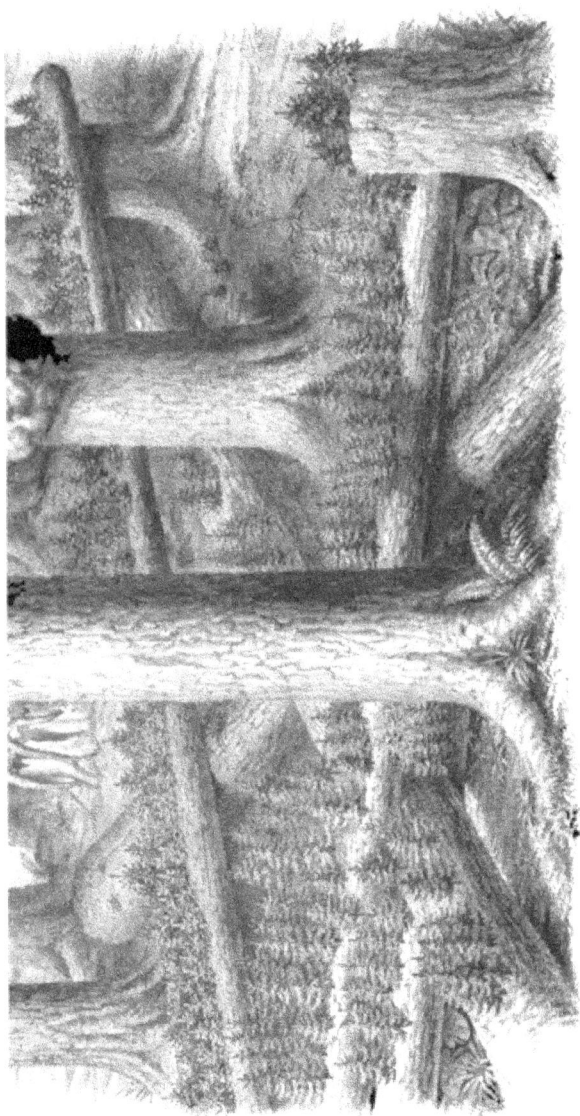

Fig. 1.

Fig. 13.

Fig. 14.

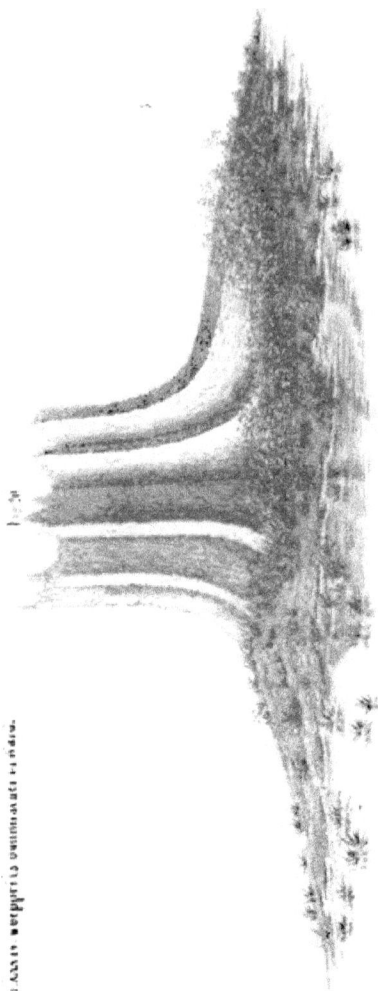

Fig. 30

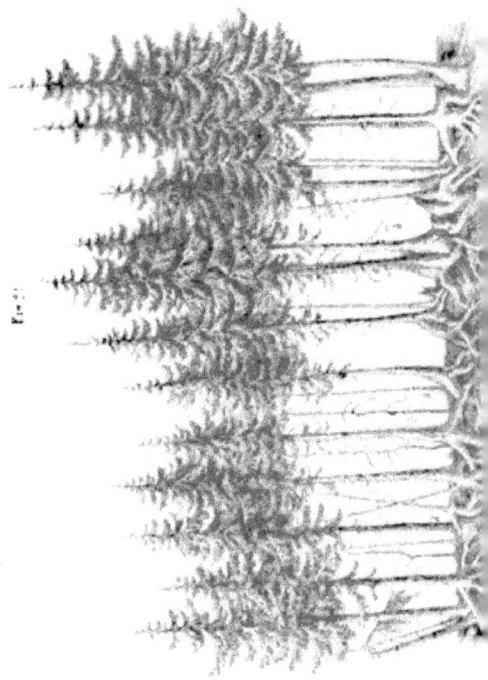

Fig. 31

Fig. 42.